首都师范大学研究生教育立项资助出版

GONGGONG ZHENGCE
JIAOXUE ANLI FENXI

公共政策
教学案例分析

刘亚娜　编著

图书在版编目（CIP）数据

公共政策教学案例分析/刘亚娜编著. —北京：首都师范大学出版社，2020.5（2024.2 重印）

ISBN 978-7-5656-5342-1

Ⅰ. ①公… Ⅱ. ①刘… Ⅲ. ①政策科学—教案（教育）Ⅳ. D035-01

中国版本图书馆 CIP 数据核字（2019）第 257120 号

GONGGONG ZHENGCE JIAOXUE ANLI FENXI

公共政策教学案例分析

刘亚娜　编著

责任编辑　钱　浩

首都师范大学出版社出版发行

地　址　北京西三环北路 105 号

邮　编　100048

电　话　68418523（总编室）　68982468（发行部）

网　址　http://cnupn. cnu. edu. cn

印　刷　北京印刷集团有限责任公司

经　销　全国新华书店

版　次　2020 年 5 月第 1 版

印　次　2024 年 2 月第 4 次印刷

开　本　710mm×1000mm　1/16

印　张　11. 25

字　数　196 千

定　价　36. 00 元

前　言

公共政策学是一门实践性与操作性很强的应用社会科学，学科的性质、特点和定位决定了授课内容必须注重理论联系实际，相关教材的编排也需要不断充实实践案例素材及资料。本教材着力于搜集整理当前实务层面新近发生的具有典型代表性的事例，并按照学科的内容体例进行编排，开展适当的分析，以提供启发和思考。

案例是对现实生活中某个真实事件的特定情境的客观描述。公共政策案例是公共政策产生、发展过程中关于整个事件的特定情境的描述和呈现。公共政策案例强调几个特点：一是客观、典型，有代表性，能适用于理论教学。公共政策分析所选案例是现实实践中客观存在的，具有普遍性和典型代表意义。二是复杂性、系统和动态性，能引起争论。公共政策问题及公共政策发展和处置的环境日益复杂，内容庞杂、信息量丰富，且具有较强的发展性，需要密切跟踪观察，用系统思维来分析及思考应对之策。选取的案例，既要有趣，又要有料、有味，案例故事有情节和内容，有冲突和矛盾。可读性强，能引起读者的兴趣，且是社会中广泛被讨论的话题，不生僻。有料，即指能结合和运用有关理论展开分析讨论，理论适恰性强，具有较强的可分析性；有味，指通过案例解剖和理论的阐释，能提出较为普适性的规律或认识，对同类事件的理解提出较为实用的观点，能举一反三，具有较强的可讨论性。三是本土实践性及真实性。用于教学的公共政策案例具有高度的拟真性，案例所描述的事件真实客观，是真实世界事件的高度概括提炼。同时，具有可进入性，读者能感同身受，能进入到案例人物，开展仿真模拟、体验冲突，在特定的情境中加深认识和模拟决策。

案例分析需要运用有关公共政策分析的理论、知识和方法，对实际案例进行分析、解剖、讨论、交流、思考和判断、决策，从而实现理论与实践相结合。公共政策案例是用一个具体的事件及其过程去说明理论，分析侧重点不是对基本理论的探求，而是突出“经验实证性”和“实践可行性”。因此，在分析过程中，研究者因知识结构、认知水平和价值偏好等不同，对所运用的原理、规则、标准等会有所不同，从而分析的角度、结论等也会存在差异。本书在写作中，较侧重启发性地提出思考，开拓视野，旨在让学生通过案例思考、判断，锻炼处理实际问题的能力。

教材编写立足利于教师的“教”、教材的“用”和学生的“学”等特点，将公共政策案例与理论知识谱系对应起来，按照公共政策理论与过程两大教学模块来构建框架。案例编写注重教学针对性和可读性，以专题形式，系统和全面地梳理当前公共政策实践中的前沿与热点问题，并与学生所需掌握的知识点与案例对应起来。全书共有10章，精选了36个案例。公共政策理论部分包括：公共政策内涵、政策系统、政策工具、比较公共政策等4章。公共政策过程部分包括：政策问题形成及认定、政策制定、政策执行、政策失效、政策评估与监控、政策调整及终结等6章。每一章内容，首先对相关理论知识做简要的总结和概述，对案例分析的运用起到引导作用。案例分析部分强调规范化，每一个案例都是问题导向，依据“案例—解读—启示”的分析模式深入浅出地描述和勾画公共政策案例的知识内涵与外延，通过典型事件的历史回顾和扩展阅读，深入分析案例的背景、成因、发展及应对等经验得失。案例分析包括案例梗概、案例正文、案例分析、案例讨论、案例主要参阅资料及推荐读物等5部分。

本教材适合公共管理类各专业和MPA教学以及从事公共管理实践的党政干部阅读。在本书的写作过程中，参阅了大量中外文文献，吸收了许多学者的研究成果，在此一并表示感谢。案例写作中，首都师范大学的几位同学贡献了相当大的力量，他们现在分别在国内外高校攻读研究生，董琦圆、谭晓婷、宋雅婧在首都师范大学学习；朱越美在北京师范大学、张东冉在北京邮电大学、陈望宇在英国利兹大学、刘鑫在英国曼彻斯特大学攻读硕士学位。同时，在我的公共政策分析的研究生和本科生课堂中，许多同学为本书提供了丰富的案例素材和启发，在此也一并表示感谢。由于时间和水平有限，书中一定存在不当甚至错误之处，恳请学界同仁和广大读者批评指正。

目　　录

公共政策理论篇

公共政策过程篇

公共政策理论篇

第一章　公共政策内涵

★需理解的知识点及案例分析目标

理解公共政策的内涵、特征、主要类型及功能等，应用相关知识认识和界定公共政策，理解不同政策类型的价值。

第一节　内容概要

一、公共政策的含义

在现代社会中，政策可以说无所不在，已经渗透到生活的各个层面。政策似乎与我们形影不离。没有政策的必要干预，就难以保证正常的社会生活秩序。自第二次世界大战前后兴起以来，现代公共政策已经积累了丰富的理论和方法。作为公共权力、公共职能、公共责任的伴生物，自公共权力(政府)产生起，公共政策事实上就一直伴随着人类社会。

关于公共政策的含义，国内外学者提出了一些具有代表性的观点。威尔逊在一百多年前提出，公共政策是由政治家制定并由行政人员执行的法律和法规。公共政策学科的创始人之一哈罗德·D. 拉斯韦尔和亚伯拉罕·卡普兰认为，公共政策是一项含有目标、价值和策略的大型计划。政治学家戴维·伊斯顿认为，公共政策是对全社会的价值进行权威性的分配。张金马将公共政策定义为：党和政府用以规范、引导本国或本地有关机构团体和个人行动的准则或指南；其表达形式有法律规章、行政命令、政府首脑的书面或口头声明和指示以及行动计划与策略等等。陈振明编著的《政策科学——公共政策分析导论》对公共政策的定义是：国家(政府)执政党及其他政治团体在特定时期为实现一定的社会政治、经济和文化目标所采取的政治行动或所规定的行为准则，它是一系列谋略、法令、措施、办法、方法、条例等的总称。陈庆云著《公共政策分析》指出，公共政策是政府依据特定时期的目标，在对社会公共利益进行选择、综合、分配和落实的过程中所制定的行为准则。宁骚主编《公共政策学》指出，公共政策是公共权力机关经由政治过程所选择和制定的为解决公共问题，达成公共目标，以实现公共利益的方案。

公共政策作为一种理论和方法从一开始就吸收了众多学科的有益成果，并在自身广泛的实践中不断综合和发展。从最广泛的意义上说，凡由国家公权力主体制定，同时对一定的社会行为主体产生一定的影响的法律、法规、战略、规划、计划、条例、规章、政令、声明、指示、管理办法、实施细则等等，都可以被视为主体的某种公共政策。如果用一句话概括公共政策，是指公权力主体制定和执行的用以确定和调整广泛社会关系的行为规范。其逻辑思维至少包含了5个要点：公权力主体的行为，对适用主体具有约束力，欲达到的目标或目的，一定的政策声明或宣示，公权力主体的政策执行行动。可以从以下几个方面来具体理解公共政策：一是公共政策主体。任何公共政策都有特定的主体，公共政策体现了主体的意志，它与个人、企业等所做出的决定不同，具有法定的权威性。二是公共政策的目标取向。一定的公共政策总是要实现一定的目标，具有明确的方向性。同时，公共政策又在特定的历史时期内起作用，具有时效性。三是公共政策过程。公共政策是一个客观过程，任何一项公共政策都有酝酿、制定、执行、评估、调整、终结等环节。四是公共政策体系。任何公共政策都不是孤立的。各种政策组成政策体系和过程，相辅相成，共同服务于公共政策目标。五是公共政策功能。不同性质的公共政策具有不同的功能。六是公共政策是一种行为准则或行为规范。对适用主体具有约束性，也使政策具有可操作性。

公共政策的基本特征主要体现在以下几个方面：一是公共性。公共政策是社会公共权威机构运用公共权力、利用社会公共资源解决社会问题，其制定主体、权力基础、资源基础及目标指向等都具有明显的公共性。二是合法性。既指符合法律规范和法律程序的要求，又符合民意，获得人民的认可。三是政治性。公共政策集中体现为统治阶级的利益需求，是源于政治动机的组织产物，具有鲜明的政治倾向性。四是整体性。政策不是孤立的，是由多个政策组成的政策体系。五是强制性。公共政策执行由国家暴力机关作保障，具有较强的强制力。六是相对稳定性。政策在一定的时期内不会朝令夕改，但也不是一成不变的，会随着社会发展、环境的变化适时进行调整。随着人类进入后工业化社会，尤其是进入信息化社会以后，高难度的公共政策问题不断出现，现代公共政策形成了一些新的发展特征：公共政策问题越来越复杂，公共政策主体日益多元化，公共政策范围日益扩大，公共政策理论和方法日益丰富。

二、公共政策的类型及功能

现代政府制定和实施的公共政策数量众多，内容包罗万象，这就要求对公共政策进行分类研究和管理。一方面，可以从形式特征上对公共政策作类型划分。公共政策的形式特征是由公共权力机关的权力划分和权力配置决定的。由于当代世界各国的政治体制存在着很大的差别，所以公共政策的形式特征也就各国不同。另一方面，从公共政策的内容构成来看，按照不同的标准可以进行相应的划分，如按政策范围划分，可以分为全国性的政策、区域性的政策、地方性的政策等；按公共政策发生和发展的逻辑顺序划分，可以分为元政策、基本政策、具体政策等；依政策内容的不同，可以分为政治政策、经济政策、社会政策、科技政策、文教政策等。公共政策学者罗威和萨利斯伯瑞还将公共政策分为管制性政策、分配性政策、重分配性政策、自我管制性政策等。

公共政策一经形成，即具有了基本功能，从而在一定社会条件下发挥特定的管理社会公共事务的作用。其基本功能表现为管制功能、导向功能、调控功能、分配功能。

第二节　案例分析

案例一：《乡村教师支持计划(2015—2020年)》

(一)案例梗概

为深入推进全面建成小康社会、全面深化改革、全面依法治国、全面从严治党“四个全面”战略布局，认真贯彻党中央、国务院关于加强教师队伍建设的部署和要求，采取切实措施加强老少边穷岛等边远贫困地区乡村教师队伍建设，明显缩小城乡师资水平差距，让每个乡村孩子都能接受公平、有质量的教育，国务院制订乡村教师支持计划。发展乡村教育，帮助乡村孩子学习成才，阻止贫困现象代际传递，是功在当代、利在千秋的大事。发展乡村教育，教师是关键，必须把乡村教师队伍建设摆在优先发展的战略地位。

（二）案例正文

国务院办公厅 2015 年 6 月 1 日印发《乡村教师支持计划（2015—2020年）》。其基本原则为：一是，师德为先，以德化人。着力提升乡村教师思想政治素质和职业道德水平，引导乡村教师带头践行社会主义核心价值观，加强乡村教师对中国特色社会主义的思想认同、理论认同和情感认同。重视发挥乡村教师以德化人、言传身教的作用，教育学生热爱祖国、热爱人民、热爱中国共产党，形成正确的世界观、人生观、价值观，确保乡村教育正确导向。二是，规模适当，结构合理。合理规划乡村教师队伍规模，集中人财物资源，制定实施优惠倾斜政策，加大工作支持力度，加强乡村地区优质教师资源配置，有效解决乡村教师短缺问题，优化乡村教师队伍结构。三是，提升质量，提高待遇。立足国情，聚焦乡村教师队伍建设最关键领域、最紧迫任务，打出组合拳，多措并举，定向施策，精准发力，标本兼治，加强培养补充，提升专业素质，提高地位待遇，不断改善乡村教师的工作生活条件。四是，改革机制，激发活力。坚持问题导向，深化体制机制改革，拓宽乡村教师来源，鼓励有志青年投身乡村教育事业，畅通高校毕业生、城镇教师到乡村学校任教的通道，逐步形成“越往基层、越是艰苦，地位待遇越高”的激励机制，以及充满活力的乡村教师使用机制。通过实施乡村教师支持计划，带动建立相关制度，形成可持续发展的长效机制。工作目标是到 2017 年，力争使乡村学校优质教师来源得到多渠道扩充，乡村教师资源配置得到改善，教育教学能力水平稳步提升，各方面合理待遇依法得到较好保障，职业吸引力明显增强，逐步形成“下得去、留得住、教得好”的局面。到 2020 年，努力造就一支素质优良、甘于奉献、扎根乡村的教师队伍，为基本实现教育现代化提供坚强有力的师资保障。

文件提出的主要举措包括：一是，全面提高乡村教师思想政治素质和师德水平。坚持不懈地用中国特色社会主义理论体系武装乡村教师头脑，进一步建立健全乡村教师政治理论学习制度，增强思想政治工作的针对性和实效性，不断提高教师的理论素养和思想政治素质。切实加强乡村教师队伍党建工作，基层党组织要充分发挥政治核心作用，进一步关心教育乡村教师，适度加大发展党员力度。开展多种形式的师德教育，把教师职业理想、职业道德、法治教育、心理健康教育等融入职前培养、准入、职后培训和管理的全过程。落实教育、宣传、考核、监督与奖惩相结合的师德建设长效机制。二是，拓展乡村教师补充渠道。鼓励省级人民政府建立统筹规划、统一选拔的乡村教师补充机制，为乡村学校持续输送大批优秀高校毕业生。扩大农村教师特岗计划实施规模，重点支持中西部老少边穷岛等贫困地区补充乡村教师，适时提高特岗教师工资性补助标准。鼓励地方政府和师范院校根据当地乡村教育实际需求加强本土化培养，采取多种方式定向培养“一专多能”的乡村教师。高校毕业生取得教师资格并到乡村学校任教一定期限，按有关规定享受学费补偿和国家助学贷款代偿政策。各地要采取有效措施鼓励城镇退休的特级教师、高级教师到乡村学校支教讲学，中央财政比照边远贫困地区、边疆民族地区和革命老区人才支持计划教师专项计划给予适当支持。三是，提高乡村教师生活待遇。全面落实集中连片特困地区乡村教师生活补助政策，依据学校艰苦边远程度实行差别化的补助标准，中央财政继续给予综合奖补。各地要依法依规落实乡村教师工资待遇政策，依法为教师缴纳住房公积金和各项社会保险费。在现行制度架构内，做好乡村教师重大疾病救助工作。加快实施边远艰苦地区乡村学校教师周转宿舍建设。各地要按规定将符合条件的乡村教师住房纳入当地住房保障范围，统筹予以解决。四是，统一城乡教职工编制标准。乡村中小学教职工编制按照城市标准统一核定，其中村小学、教学点编制按照生师比和班师比相结合的方式核定。县级教育部门在核定的编制总额内，按照班额、生源等情况统筹分配各校教职工编制，并报同级机构编制部门和财政部门备案。通过调剂编制、加强人员配备等方式进一步向人口稀少的教学点、村小学倾斜，重点解决教师全覆盖问题，确保乡村学校开足开齐国家规定课程。严禁在有合格教师来源的情况下“有编不补”、长期使用临聘人员，严禁任何部门和单位以任何理由、任何形式占用或变相占用乡村中小学教职工编制。五是，职称(职务)评聘向乡村学校倾斜。各地要研究完善乡村教师职称(职务)评聘条件和程序办法，实现县域内城乡学校教师岗位结构比例总体平衡，切实向乡村教师倾斜。乡村教师评聘职称(职务)时不作外语成绩(外语教师除外)、发表论文的刚性要求，坚持育人为本、德育为先，注重师德素养，注重教育教学工作业绩，注重教育教学方法，注重教育教学一线实践经历。城市中小学教师晋升高级教师职称(职务)，应有在乡村学校或薄弱学校任教一年以上的经历。六是，推动城镇优秀教师向乡村学校流动。全面推进义务教育教师队伍“县管校聘”管理体制改革，为组织城市教师到乡村学校任教提供制度保障。各地要采取定期交流、跨校竞聘、学区一体化管理、学校联盟、对口支援、乡镇中心学校教师走教等多种途径和方式，重点引导优秀校长和骨干教师向乡村学校流动。县域内重点推动县城学校教师到乡村学校交流轮岗，乡镇范围内重点推动中心学校教师到村小学、教学点交流轮岗。采取有效措施，保持乡村优秀教师相对稳定。七是，全面提升乡村教师能力素质。到2020年前，对全体乡村教师校长进行360学时的培训。要把乡村教师培训纳入基本公共服务体系，保障经费投入，确保乡村教师培训时间和质量。省级人民政府要统筹规划和支持全员培训，市、县级人民政府要切实履行实施主体责任。整合高等学校、县级教师发展中心和中小学校优质资源，建立乡村教师校长专业发展支持服务体系。将师德教育作为乡村教师培训的首要内容，推动师德教育进教材、进课堂、进头脑，贯穿培训全过程。全面提升乡村教师信息技术应用能力，积极利用远程教学、数字化课程等信息技术手段，破解乡村优质教学资源不足的难题，同时建立支持学校、教师使用相关设备的激励机制并提供必要的保障经费。加强乡村学校音体美等师资紧缺学科教师和民族地区双语教师培训。按照乡村教师的实际需求改进培训方式，采取顶岗置换、网络研修、送教下乡、专家指导、校本研修等多种形式，增强培训的针对性和实效性。从2015年起，"国培计划"集中支持中西部地区乡村教师校长培训。鼓励乡村教师在职学习深造，提高学历层次。八是，建立乡村教师荣誉制度。国家对在乡村学校从教30年以上的教师按照有关规定颁发荣誉证书。省(区、市)、县(市、区、旗)要分别对在乡村学校从教20年以上、10年以上的教师给予鼓励。各省级人民政府可按照国家有关规定对在乡村学校长期从教的教师予以表彰。鼓励和引导社会力量建立专项基金，对长期在乡村学校任教的优秀教师给予物质奖励。在评选表彰教育系统先进集体和先进个人等方面要向乡村教师倾斜。广泛宣传乡村教师坚守岗位、默默奉献的崇高精神，在全社会大力营造关心支持乡村教师和乡村教育的浓厚氛围。

文件强调了组织实施。一方面明确责任主体。地方各级人民政府是实施乡村教师支持计划的责任主体。要加强组织领导，把实施工作列入重要议事日程，实行一把手负责制，细化任务分工，分解责任，推进各部门密切配合、形成合力，切实将计划落到实处。要将实施乡村教师支持计划情况纳入地方政府工作考核指标体系，加强考核和监督。教育行政部门要加强对乡村教师队伍建设的统筹管理、规划和指导。发展改革、财政、编制、人力资源社会保障部门要按照职责分工主动履职，切实承担责任。要着力改革体制，鼓励和引导社会力量参与支持乡村教师队伍建设。对在乡村教师队伍建设工作方面改革创新、积极推进、成绩突出的基层教育部门，有关部门要加强总结、及时推广经验做法并按照国家有关规定予以表彰。另一方面，加强经费保障。中央财政通过相关政策和资金渠道，重点支持中西部乡村教师队伍建设。地方各级人民政府要积极调整财政支出结构，加大投入力度，大力支持乡村教师队伍建设。要把资金和投入用在乡村教师队伍建设最薄弱、最迫切需要的领域，切实用好每一笔经费，提高资金使用效益，促进教育资源均衡配置。要制定严格的经费监管制度，规范经费使用，加强经费管理，强化监督检查，坚决杜绝截留、克扣、虚报、冒领等违法违规行为的发生。再者，开展督导检查。地方各级人民政府教育督导机构要会同有关部门，每年对乡村教师支持计划实施情况进行专项督导，及时通报督导情况并适时公布。国家有关部门要组织开展对乡村教师支持计划实施情况的专项督导检查。对实施不到位、成效不明显的，要追究相关负责人的领导责任。

（三）案例分析

到2020年全面建成小康社会、基本实现教育现代化，薄弱环节和短板在乡村，在中西部老少边穷岛等边远贫困地区。党和国家历来高度重视乡村教师队伍建设，在稳定和扩大规模、提高待遇水平、加强培养培训等方面采取了一系列政策举措，乡村教师队伍面貌发生了巨大变化，乡村教育质量得到了显著提高，广大乡村教师为中国乡村教育发展做出了历史性的贡献。但受城乡发展不平衡、交通地理条件不便、学校办学条件欠账多等因素影响，当前乡村教师队伍仍面临职业吸引力不强、补充渠道不畅、优质资源配置不足、结构不尽合理、整体素质不高等突出问题，制约了乡村教育持续健康发展。实施乡村教师支持计划，对于解决当前乡村教师队伍建设领域存在的突出问题，吸引优秀人才到乡村学校任教，稳定乡村教师队伍，带动和促进教师队伍整体水平提高，促进教育公平、推动城乡一体化建设、推进社会主义新农村建设具有十分重要的意义。

（四）案例讨论

1. 结合本案例，谈谈如何理解公共政策的特征。
2. 结合本案例，谈谈如何理解公共政策的功能。
3. 该政策的主要举措或实施办法主要有哪些？

（五）主要参阅资料及推荐读物

1. 郑新蓉、胡艳主编：《泥土上的脚印：新中国第二代乡村教师口述史》，广西教育出版社，2018年版。

2. 郑新蓉、胡艳主编：《回归与希望——乡村青年教师口述史》，广西教育出版社，2018 年版。

3. 金传宝：《巴格莱：从乡村教师到教育领袖》，山西人民出版社，2018 年版。

4.《乡村教师支持计划(2015—2020 年)》，人民出版社，2015 年版。

5. 付卫东、范先佐：《〈乡村教师支持计划〉实施的成效、问题及对策——基于中西部 6 省 12 县(区)120 余所农村中小学的调查》，华中师范大学学报(人文社会科学版)，2018 年第 1 期。

6. 庞丽娟、金志峰、杨小敏：《新时期乡村教师队伍建设政策研究》，《中国行政管理》，2017 年第 5 期。

7. 吴会会：《动态嵌套的"三流耦合"：〈乡村教师支持计划(2015—2020年)〉制定过程透视》，《教师教育研究》，2018 年第 4 期。

案例二：《老年教育发展规划(2016—2020 年)》

(一)案例梗概

当前我国已进入老龄化社会，2015 年底我国 60 岁以上老年人口已经达到 2.22 亿，占总人口的 16.1%，预计 2020 年老年人口将达到 2.43 亿，未来 20 年我国人口老龄化形势将更加严峻，"未富先老"的特征日益凸显，对我国社会主义现代化进程产生全面而深远影响，特别是老年人的精神文化和学习需求增长较快，发展老年教育的形势和任务更加紧迫。党和国家高度重视老龄工作，积极推动老年教育事业发展。目前有 700 多万老年人在老年大学等机构学习，有上千万老年人通过社区教育、远程教育等各种形式参与学习，初步形成了多部门推动、多形式办学的老年教育发展格局。同时必须清醒地看到，我国老年教育还存在资源供给不足，城乡、区域间发展不平衡，保障机制不够健全，部门协调亟待加强，社会力量参与的深度和广度需进一步拓展等问题。解决这些问题，推动老年教育持续健康发展，是当前和今后一个时期积极应对人口老龄化、大力发展老龄服务事业和产业的迫切任务。国务院办公厅 2016 年 10 月 5 日签发《老年教育发展规划(2016—2020 年)》(国办发〔2016〕74 号)，指出老年人是国家和社会的宝贵财富。老年教育是我国教育事业和老龄事业的重要组成部分。目标是到 2020 年，基本形成覆盖广泛、灵活多样、特色鲜明、规范有序的老年教育新格局。老年教育法规制度逐步健全，职责明确、主体多元、平等参与、管办分离的管理体制和运行机制得到完善。老年教育基础能力有较大幅度提升，教育内容不断丰富，形式更加多样。各类老年教育机构服务能力进一步提升，全社会关注支持老年教育、参与举办老年教育的积极性显著提高。

（二）案例正文

文件的指导思想为：全面贯彻党的十八大及十八届三中、四中、五中全会精神和习近平总书记系列重要讲话精神，落实党中央、国务院决策部署，按照“五位一体”总体布局和“四个全面”战略布局，牢固树立和贯彻落实创新、协调、绿色、开放、共享的新发展理念，坚持“党委领导、政府主导、社会参与、全民行动”的老龄工作方针，以扩大老年教育供给为重点，以创新老年教育体制机制为关键，以提高老年人的生命和生活质量为目的，整合社会资源、激发社会活力，提升老年教育现代化水平，让老年人共享改革发展成果，进一步实现老有所教、老有所学、老有所为、老有所乐，努力形成具有中国特色的老年教育发展新格局。

文件的基本原则：一是，保障权益、机会均等。保障老年人受教育权利，努力让不同年龄层次、文化程度、收入水平、健康状况的老年人均有接受教育的机会。充分利用各种资源，统筹加强组织管理，实现资源共享和协调发展，提高老年教育的可及性，最大限度满足各类老年群体学习需求。二是，政府主导、市场调节。发挥政府在制定规划、营造环境、加大投入等方面的作用，统筹协调各部门老年教育工作。激发社会活力，继续探索和完善政府购买服务机制，引导社会力量积极参与，带动相关产业发展。三是，优化布局、面向基层。在办好现有老年教育的基础上，将老年教育的增量重点放在基层和农村，形成以基层需求为导向的老年教育供给结构，优化城乡老年教育布局，促进老年教育与经济社会协调发展。四是，开放便利、灵活多样。促进各类教育机构开放，运用互联网等科技手段开展老年教育，为全体老年人创造学习条件，提供学习机会，做好学习服务。畅通学习渠道，方便就近学习，办好家门口的老年教育。五是，因地制宜、特色发展。从区域发展不平衡的实际和多样化的学习需求出发，因地制宜开展老年教育。鼓励结合当地历史、人文资源和民俗民风等特点，推动老年教育特色发展。

文件提出主要任务有：

一是，扩大老年教育资源供给。一方面，是优先发展城乡社区老年教育。完善基层社区老年教育服务体系，整合利用现有的社区教育机构、县级职教中心、乡镇成人文化技术学校等教育资源，以及群众艺术馆、文化馆、体育场、社区文化活动中心（文化活动室）、社区科普学校等，开展老年教育活动。建立健全“县(市、区)—乡镇(街道)—村(居委会)”三级社区老年教育网络，方便老年人就近学习。发展农村社区老年教育，有效整合乡村教育文化资源，以村民喜爱的形式开展适应农村老年人需求的教育活动。加强对农村散居、独居老人的教育服务。推进城乡老年教育对口支援，鼓励发达地区以建立分校或办学点、选送教师、配送学习资源、提供人员培训等方式，为边远地区和农村社区老年教育提供支援。另一方面，是促进各级各类学校开展老年教育。推动各级各类学校向区域内老年人开放场地、图书馆、设施设备等资源，为他们便利化学习提供支持，积极接收有学习需求的老年人入校学习。探索院校利用自身教育资源举办老年教育(学校)的模式。推动普通高校和职业院校面向老年人提供课程资源，特别是艺术类、医药卫生类、师范类院校和开设有养生保健、文化艺术、信息技术、家政服务、社会工作、医疗护理、园艺花卉、传统工艺等专业的职业院校，应结合学校特色开发老年教育课程，为社区、老年教育机构及养老服务机构等积极提供支持服务，共享课程与教学资源。推动开放大学和广播电视大学举办“老年开放大学”或“网上老年大学”，并延伸至乡镇(街道)、城乡社区，建立老年学习网点。其次，推动老年大学面向社会办学。部门、行业企业、高校等举办的老年大学要树立新的办学理念，积极创造条件，采取多种形式，提高办学开放度，逐步从服务本单位、本系统离退休职工向服务社会老年人转变。省、市两级老年大学在开展教育教学工作的同时，要在办学模式示范、教学业务指导、课程资源开发等方面对区域内老年教育发挥带动和引领作用，将老年大学集聚的教育资源向基层和社区辐射。加强老年大学与社会教育机构的合作，组建老年教育联盟(集团)。

二是，拓展老年教育发展路径。一方面，丰富老年教育内容和形式。积极开展老年人思想道德、科学文化、养生保健、心理健康、职业技能、法律法规、家庭理财、闲暇生活、代际沟通、生命尊严等方面的教育，帮助老年人提高生活品质，实现人生价值。创新教学方法，将课堂学习和各类文化活动相结合，积极探索体验式学习、远程学习、在线学习等模式，引导开展读书、讲座、参观、展演、游学、志愿服务等多种形式的老年教育活动。鼓励老年人自主学习，支持建立不同类型的学习团队。另一方面，探索养教结合新模式。整合利用社区居家养老资源，在社区老年人日间照料中心、托老所等各类社区居家养老场所内，开展形式多样的老年教育。积极探索在老年养护院、城市社会福利院、农村敬老院等养老服务机构中设立固定的学习场所，配备教学设施设备，通过开设课程、举办讲座、展示学习成果等形式，推进养教一体化，推动老年教育融入养老服务体系，丰富住养老人的精神文化生活。关注失能失智及盲聋等特殊老人群体，提供康复教育一体化服务。此外，积极开发老年人力资源。用好老年人这一宝贵财富，充分发挥老年人的智力优势、经验优势、技能优势，为其参与经济社会活动搭建平台、提供教育支持。发挥老年人在传承中华优秀传统文化、引导全社会特别是青少年培育和践行社会主义核心价值观等方面的积极作用，彰显长者风范。鼓励老年人利用所学所长，在科学普及、环境保护、社区服务、治安维稳等方面积极服务社会、奉献社会。

三是，加强老年教育支持服务。一方面，运用信息技术服务老年教育。加强数字化学习资源跨区域、跨部门共建共享，开展对现有老年教育课程的数字化改造，开发适合老年人远程学习的数字化资源。通过互联网、数字电视等渠道，加强优质老年学习资源对农村、边远、贫困、民族地区的辐射。推动信息技术融入老年教育教学全过程，推进线上线下一体化教学，支持老年人网上学习。运用信息化手段，为老年人提供导学服务、个性化学习推荐等学习支持。另一方面，整合文化体育科技资源服务老年教育。推动美术馆、图书馆、文化馆（站、中心）、科技馆、博物馆、纪念馆、公共体育设施、爱国主义示范基地、科普教育基地等向老年人免费开放。鼓励有条件的地区发挥文化、教育、体育、科技等资源优势，结合区域实际，建设不同主题、富有特色的老年教育学习体验基地。充分发挥广播电视、报纸杂志、门户网站等媒体作用，开设贴近老年人生活的专栏专题。

四是，创新老年教育发展机制。一方面，鼓励社会力量参与老年教育。充分激发市场活力，推进举办主体、资金筹措渠道的多元化，通过政府购买服务、项目合作等多种方式，支持和鼓励各类社会力量通过独资、合资、合作等形式举办或参与老年教育。运用市场机制调节供需关系，进一步优化老年教育的市场结构、内容和布局。加强规划指导和外部监管，营造平等参与、公平竞争的市场环境。充分发挥社会组织在老年教育中的作用，鼓励其通过提供师资、开发课程等方式支持开展老年教育。支持老年教育领域社会组织和老年志愿服务团队发展。另一方面，促进老年教育与相关产业联动。扩大老年教育消费，发掘与老年教育密切相关的养老服务、旅游、服装服饰、文化等产业价值，促进生活性服务业提档升级，拉动内需，推动投资增长和相关产业发展。

五是，促进老年教育可持续发展。一方面，加强学科建设与人才培养培训。鼓励综合类高校、师范类院校、职业院校开设老年教育相关专业，其他高校也要加强老年教育的相关专业建设。支持有条件的高校开展老年教育方向的研究生教育，加快培养老年教育教学、科研和管理人才。鼓励老年教育机构的专任教师和管理人员在职进修老年教育专业课程，攻读相关专业学位。另一方面，加强理论与政策研究。依托有关高校、科研院所、老年教育机构等建立若干个老年教育研究基地，开展老年教育基础理论研究、政策研究和应用研究，探讨和解决老年教育发展中的重大理论和实践问题。加强老年教育学术期刊建设，搭建优秀成果共享和推广平台。鼓励社会组织开展老年教育优秀研究成果交流活动。其次，加强国际交流合作。积极参与有关国际教育组织的活动，加强与国外老年教育机构的交流与合作，借鉴国外老年教育先进理念和做法，宣传推广我国发展老年教育的经验与成果，扩大我国老年教育的国际影响力。

重点推进计划包括：社会主义核心价值观培育计划；老年教育机构基础能力提升计划；学习资源建设整合计划；远程老年教育推进计划；老有所为行动计划。

保障措施包括：加强组织实施；推动法规制度建设；加强队伍建设；完善经费投入机制；营造良好氛围。

（三）案例分析

国务院印发《老年教育发展规划》，标志着我国老年教育发展进入了一个新阶段，为我国积极应对人口老龄化，促进老有所学、老有所为等方面提出了系统性指导。该规划具体内容体现了教育形式更加自由、教育体系更加完善。不仅提出了主要目标、任务、工作重点等，还构建了保障机制和管理体系等，为我国老年教育的进一步蓬勃发展夯实基础。

（四）案例讨论

1. 结合本案例，谈谈该规划在哪些方面对具体工作产生引导或影响作用?

2. 结合本案例，谈谈你如何认识国家的战略规划对社会发展的意义?

3. 结合本案例，谈谈你如何认识规划中具体的任务间的关系?

（五）主要参阅资料及推荐读物

1. 金德琅：《老年教育理论丛书：老年教育经济学》，同济大学出版社，2014 年版。

2. 张少波、李惟民：《老年教育理论丛书：老年教育管理学》，同济大学出版社，2014 年版。

3. 叶忠海、张东平：《老年教育理论丛书：老年教育社会学》，同济大学出版社，2014 年版。

4. 王英、谭琳：《赋权增能：中国老年教育的发展与反思》，《人口学刊》，2011 年第 1 期。

5. 马丽华、叶中海：《中国老年教育的嬗变逻辑与未来走向》，《南京社会科学》，2018 年第 9 期。

6. 杨咏梅：《我国老年教育的特色和发展趋势》，《中国成人教育》，2016 年第 6 期。

案例三：《关于加强中国特色新型智库建设的意见》

（一）案例梗概

中共中央办公厅、国务院办公厅印发了《关于加强中国特色新型智库建设的意见》。指出，中国特色新型智库是党和政府科学民主依法决策的重要支撑，是国家治理体系和治理能力现代化的重要内容，是国家软实力的重要组成部分。《意见》明确了加强中国特色新型智库建设的指导思想、基本原则和总体目标。指出到 2020 年，统筹推进党政部门、社科院、党校行政学院、高校、军队、科研院所和企业、社会智库协调发展，形成定位明晰、特色鲜明、规模适度、布局合理的中国特色新型智库体系，重点建设一批具有较大影响力和国际知名度的高端智库，造就一支坚持正确政治方向、德才兼备、富于创新精神的公共政策研究和决策咨询队伍，建立一套治理完善、充满活力、监管有力的智库管理体制和运行机制，充分发挥中国特色新型智库咨政建言、理论创新、舆论引导、社会服务、公共外交等重要功能。

（二）案例正文

2015 年 1 月，中共中央办公厅、国务院办公厅印发了《关于加强中国特色新型智库建设的意见》。为深入贯彻落实党的十八大和十八届三中、四中全会精神，加强中国特色新型智库建设，建立健全决策咨询制度，提出如下意见。

一、重大意义

（一）中国特色新型智库是党和政府科学民主依法决策的重要支撑。决策咨询制度是我国社会主义民主政治建设的重要内容。我们党历来高度重视决策咨询工作。改革开放以来，我国智库建设事业快速发展，为党和政府决策提供了有力的智力支持。当前，全面建成小康社会进入决定性阶段，破解改革发展稳定难题和应对全球性问题的复杂性艰巨性前所未有，迫切需要健全中国特色决策支撑体系，大力加强智库建设，以科学咨询支撑科学决策，以科学决策引领科学发展。

（二）中国特色新型智库是国家治理体系和治理能力现代化的重要内容。纵观当今世界各国现代化发展历程，智库在国家治理中发挥着越来越重要的作用，日益成为国家治理体系中不可或缺的组成部分，是国家治理能力的重要体现。全面深化改革，完善和发展中国特色社会主义制度，推进国家治理体系和治理能力现代化，推动协商民主广泛多层制度化发展，建立更加成熟、更加定型的制度体系，必须切实加强中国特色新型智库建设，充分发挥智库在治国理政中的重要作用。

（三）中国特色新型智库是国家软实力的重要组成部分。一个大国的发展进程，既是经济等硬实力提高的进程，也是思想文化等软实力提高的进程。智库是国家软实力的重要载体，越来越成为国际竞争力的重要因素，在对外交往中发挥着不可替代的作用。树立社会主义中国的良好形象，推动中华文化和当代中国价值观念走向世界，在国际舞台上发出中国声音，迫切需要发挥中国特色新型智库在公共外交和文化互鉴中的重要作用，不断增强我国的国际影响力和国际话语权。

智力资源是一个国家、一个民族最宝贵的资源。近年来，我国智库发展很快，在出思想、出成果、出人才方面取得很大成绩，为推动改革开放和社会主义现代化建设做出了重要贡献。同时，随着形势发展，智库建设跟不上、不适应的问题也越来越突出，主要表现在：智库的重要地位没有受到普遍重视，具有较大影响力和国际知名度的高质量智库缺乏，提供的高质量研究成果不够多，参与决策咨询缺乏制度性安排，智库建设缺乏整体规划，资源配置不够科学，组织形式和管理方式亟待创新，领军人物和杰出人才缺乏。解决这些问题，必须从党和国家事业发展全局的战略高度，把中国特色新型智库建设作为一项重大而紧迫的任务，采取有力措施，切实抓紧抓好。

二、指导思想、基本原则和总体目标

（四）指导思想。深入贯彻党的十八大和十八届三中、四中全会精神，高举中国特色社会主义伟大旗帜，坚持以马克思列宁主义、毛泽东思想、邓小平理论、“三个代表”重要思想、科学发展观为指导，深入贯彻习近平总书记系列重要讲话精神，以服务党和政府决策为宗旨，以政策研究咨询为主攻方向，以完善组织形式和管理方式为重点，以改革创新为动力，努力建设面向现代化、面向世界、面向未来的中国特色新型智库体系，更好地服务党和国家工作大局，为实现中华民族伟大复兴的中国梦提供智力支撑。

（五）基本原则

——坚持党的领导，把握正确导向。坚持党管智库，坚持中国特色社会主义方向，遵守国家宪法法律法规，始终以维护国家利益和人民利益为根本出发点，立足我国国情，充分体现中国特色、中国风格、中国气派。

——坚持围绕大局，服务中心工作。紧紧围绕党和政府决策急需的重大课题，围绕全面建成小康社会、全面深化改革、全面推进依法治国的重大任务，开展前瞻性、针对性、储备性政策研究，提出专业化、建设性、切实管用的政策建议，着力提高综合研判和战略谋划能力。

——坚持科学精神，鼓励大胆探索。坚持求真务实，理论联系实际，强化问题意识，积极建言献策，提倡不同学术观点、不同政策建议的切磋争鸣、平等讨论，创造有利于智库发挥作用、积极健康向上的良好环境。

——坚持改革创新，规范有序发展。按照公益服务导向和非营利机构属性的要求，积极推进不同类型、不同性质智库分类改革，科学界定各类智库的功能定位。加强顶层设计、统筹协调和分类指导，突出优势和特色，调整优化智库布局，促进各类智库有序发展。

（六）总体目标。到2020年，统筹推进党政部门、社科院、党校行政学院、高校、军队、科研院所和企业、社会智库协调发展，形成定位明晰、特色鲜明、规模适度、布局合理的中国特色新型智库体系，重点建设一批具有较大影响力和国际知名度的高端智库，造就一支坚持正确政治方向、德才兼备、富于创新精神的公共政策研究和决策咨询队伍，建立一套治理完善、充满活力、监管有力的智库管理体制和运行机制，充分发挥中国特色新型智库咨政建言、理论创新、舆论引导、社会服务、公共外交等重要功能。

中国特色新型智库是以战略问题和公共政策为主要研究对象、以服务党和政府科学民主依法决策为宗旨的非营利性研究咨询机构，应当具备以下基本标准：(1)遵守国家法律法规、相对稳定、运作规范的实体性研究机构；(2)特色鲜明、长期关注的决策咨询研究领域及其研究成果；(3)具有一定影响的专业代表性人物和专职研究人员；(4)有保障、可持续的资金来源；(5)多层次的学术交流平台和成果转化渠道；(6)功能完备的信息采集分析系统；(7)健全的治理结构及组织章程；(8)开展国际合作交流的良好条件等。

三、构建中国特色新型智库发展新格局

（七）促进社科院和党校行政学院智库创新发展。社科院和党校行政学院要深化科研体制改革，调整优化学科布局，加强资源统筹整合，重点围绕提高国家治理能力和经济社会发展中的重大现实问题开展国情调研和决策咨询研究。发挥中国社会科学院作为国家级综合性高端智库的优势，使其成为具有国际影响力的世界知名智库。支持中央党校、国家行政学院把建设中国特色新型智库纳入事业发展总体规划，推动教学培训、科学研究与决策咨询相互促进、协同发展，在决策咨询方面发挥更大作用。地方社科院、党校行政学院要着力为地方党委和政府决策服务，有条件的要为中央有关部门提供决策咨询服务。

（八）推动高校智库发展完善。发挥高校学科齐全、人才密集和对外交流广泛的优势，深入实施中国特色新型高校智库建设推进计划，推动高校智力服务能力整体提升。深化高校智库管理体制改革，创新组织形式，整合优质资源，着力打造一批党和政府信得过、用得上的新型智库，建设一批社会科学专题数据库和实验室、软科学研究基地。实施高校哲学社会科学走出去计划，重点建设一批全球和区域问题研究基地、海外中国学术研究中心。

（九）建设高水平科技创新智库和企业智库。科研院所要围绕建设创新型国家和实施创新驱动发展战略，研究国内外科技发展趋势，提出咨询建议，开展科学评估，进行预测预判，促进科技创新与经济社会发展深度融合。发挥中国科学院、中国工程院、中国科协等在推动科技创新方面的优势，在国家科技战略、规划、布局、政策等方面发挥支撑作用，使其成为创新引领、国家倚重、社会信任、国际知名的高端科技智库。支持国有及国有控股企业兴办产学研用紧密结合的新型智库，重点面向行业产业，围绕国有企业改革、产业结构调整、产业发展规划、产业技术方向、产业政策制定、重大工程项目等开展决策咨询研究。

（十）规范和引导社会智库健康发展。社会智库是中国特色新型智库的组成部分。坚持把社会责任放在首位，由民政部会同有关部门研究制定规范和引导社会力量兴办智库的若干意见，确保社会智库遵守国家宪法法律法规，沿着正确方向健康发展。进一步规范咨询服务市场，完善社会智库产品供给机制。探索社会智库参与决策咨询服务的有效途径，营造有利于社会智库发展的良好环境。

（十一）实施国家高端智库建设规划。加强智库建设整体规划和科学布局，统筹整合现有智库优质资源，重点建设 50 至 100 个国家急需、特色鲜明、制度创新、引领发展的专业化高端智库。支持中央党校、中国科学院、中国社会科学院、中国工程院、国务院发展研究中心、国家行政学院、中国科协、中央重点新闻媒体、部分高校和科研院所、军队系统重点教学科研单位及有条件的地方先行开展高端智库建设试点。

（十二）增强中央和国家机关所属政策研究机构决策服务能力。中央和国家机关所属政策研究机构要围绕中心任务和重点工作，定期发布决策需求信息，通过项目招标、政府采购、直接委托、课题合作等方式，引导相关智库开展政策研究、决策评估、政策解读等工作。中央政研室、中央财办、中央外办、国务院研究室、国务院发展研究中心等机构要加强与智库的沟通联系，高度重视、充分运用智库的研究成果。全国人大要加强智库建设，开展人民代表大会制度和中国特色社会主义法律体系理论研究。全国政协要推进智库建设，开展多党合作和政治协商制度、社会主义协商民主制度理论研究。人民团体要发挥密切联系群众的优势，拓展符合自身特点的决策咨询服务方式。

四、深化管理体制改革

（十三）深化组织管理体制改革。按照行政管理体制改革和事业单位分类改革的要求，遵循智库发展规律，推进不同类型智库管理体制改革。强化政府在智库发展规划、政策法规、统筹协调等方面的宏观指导责任，创新管理方式，形成既能把握正确方向，又有利于激发智库活力的管理体制。

（十四）深化研究体制改革。鼓励智库与实际部门开展合作研究，提高研究工作的针对性实效性。健全课题招标或委托制度，完善公开公平公正、科学规范透明的立项机制，建立长期跟踪研究、持续滚动资助的长效机制。重视决策理论和跨学科研究，推进研究方法、政策分析工具和技术手段创新，搭建互联互通的信息共享平台，为决策咨询提供学理支撑和方法论支持。

（十五）深化经费管理制度改革。建立健全规范高效、公开透明、监管有力的资金管理机制，探索建立和完善符合智库运行特点的经费管理制度，切实提高资金使用效益。科学合理编制和评估经费预算，规范直接费用支出管理，合规合理使用间接费用，发挥绩效支出的激励作用。加强资金监管和财务审计，加大对资金使用违规行为的查处力度，建立预算和经费信息公开公示制度，健全考核问责制度，不断完善监督机制。

（十六）深化成果评价和应用转化机制改革。完善以质量创新和实际贡献为导向的评价办法，构建用户评价、同行评价、社会评价相结合的指标体系。建立智库成果报告制度，拓宽成果应用转化渠道，提高转化效率。对党委和政府委托研究课题和涉及国家安全、科技机密、商业秘密的智库成果，未经允许不得公开发布。加强智库成果知识产权创造、运用和管理，加大知识产权保护力度。

（十七）深化国际交流合作机制改革。加强中国特色新型智库对外传播能力和话语体系建设，提升我国智库的国际竞争力和国际影响力。建立与国际知名智库交流合作机制，开展国际合作项目研究，积极参与国际智库平台对话。坚持引进来与走出去相结合，吸纳海外智库专家、汉学家等优秀人才，支持我国高端智库设立海外分支机构，推荐知名智库专家到有关国际组织任职。重视智库外语人才培养、智库成果翻译出版和开办外文网站等工作。简化智库外事活动管理、中外专家交流、举办或参加国际会议等方面的审批程序。坚持以我为主、为我所用，学习借鉴国外智库的先进经验。

五、健全制度保障体系

（十八）落实政府信息公开制度。按照政府信息公开条例的规定，依法主动向社会发布政府信息，增强信息发布的权威性和及时性。完善政府信息公开方式和程序，健全政府信息公开申请的受理和处置机制。拓展政府信息公开渠道和查阅场所，发挥政府网站以及政务微博、政务微信等新兴信息发布平台的作用，方便智库及时获取政府信息。健全政府信息公开保密审查制度，确保不泄露国家秘密。

（十九）完善重大决策意见征集制度。涉及公共利益和人民群众切身利益的决策事项，要通过举行听证会、座谈会、论证会等多种形式，广泛听取智库的意见和建议，增强决策透明度和公众参与度。鼓励人大代表、政协委员、政府参事、文史馆员与智库开展合作研究。探索建立决策部门对智库咨询意见的回应和反馈机制，促进政府决策与智库建议之间良性互动。

（二十）建立健全政策评估制度。除涉密及法律法规另有规定外，重大改革方案、重大政策措施、重大工程项目等决策事项出台前，要进行可行性论证和社会稳定、环境、经济等方面的风险评估，重视对不同智库评估报告的综合分析比较。加强对政策执行情况、实施效果和社会影响的评估，建立有关部门对智库评估意见的反馈、公开、运用等制度，健全决策纠错改正机制。探索政府内部评估与智库第三方评估相结合的政策评估模式，增强评估结果的客观性和科学性。

（二十一）建立政府购买决策咨询服务制度。探索建立政府主导、社会力量参与的决策咨询服务供给体系，稳步推进提供服务主体多元化和提供方式多样化，满足政府部门多层次、多方面的决策需求。研究制定政府向智库购买决策咨询服务的指导意见，明确购买方和服务方的责任和义务。凡属智库提供的咨询报告、政策方案、规划设计、调研数据等，均可纳入政府采购范围和政府购买服务指导性目录。建立按需购买、以事定费、公开择优、合同管理的购买机制，采用公开招标、邀请招标、竞争性谈判、单一来源等多种方式购买。

（二十二）健全舆论引导机制。着眼于壮大主流舆论、凝聚社会共识，发挥智库阐释党的理论、解读公共政策、研判社会舆情、引导社会热点、疏导公众情绪的积极作用。鼓励智库运用大众媒体等多种手段，传播主流思想价值，集聚社会正能量。坚持研究无禁区、宣传有纪律。

六、加强组织领导

（二十三）高度重视智库建设。各级党委和政府要充分认识中国特色新型智库的地位和作用，把智库建设作为推进科学执政、依法行政、增强政府公信力的重要内容，列入重要议事日程。建立健全党委统一领导、有关部门分工负责的工作体制，切实加强对智库建设工作的领导。

（二十四）不断完善智库管理。有关部门和业务主管单位要按照谁主管、谁负责和属地管理、归口管理的原则，切实负起管理责任，建章立制，立好规矩，制定具体明晰的标准规范和管理措施，确保智库所从事的各项活动符合党的路线方针政策，遵守国家法律法规。加强统筹协调，做好整体规划，优化资源配置，避免重复建设，防止一哄而上和无序发展。

（二十五）加大资金投入保障力度。各级政府要研究制定和落实支持智库发展的财政、金融政策，探索建立多元化、多渠道、多层次的投入体系，健全竞争性经费和稳定支持经费相协调的投入机制。根据不同类型智库的性质和特点，研究制定不同的支持办法。落实公益捐赠制度，鼓励企业、社会组织、个人捐赠资助智库建设。

（二十六）加强智库人才队伍建设。各级党委和政府要把人才队伍作为智库建设重点，实施中国特色新型智库高端人才培养规划。推动党政机关与智库之间人才有序流动，推荐智库专家到党政部门挂职任职。深化智库人才岗位聘用、职称评定等人事管理制度改革，完善以品德、能力和贡献为导向的人才评价机制和激励政策。探索有利于智库人才发挥作用的多种分配方式，建立健全与岗位职责、工作业绩、实际贡献紧密联系的薪酬制度。加强智库专家职业精神、职业道德建设，引导其自觉践行社会主义核心价值观，增强社会责任感和诚信意识，牢固树立国家安全意识、信息安全意识、保密纪律意识，积极主动为党和政府决策贡献聪明才智。

（三）案例分析

党的十八大以来，习近平总书记对我国智库发展建设做出一系列重要论述，指明智库是国家软实力的重要组成部分，要求积极探索中国特色新型智库的组织形式和管理方式，建设高质量的智库。党的十八届三中全会决定，要加强中国特色新型智库建设，建立健全决策咨询制度。中共中央办公厅、国务院办公厅印发《关于加强中国特色新型智库建设的意见》，紧紧围绕建设中国特色新型智库这一时代命题，系统阐述了为什么建设、建设什么以及怎么建设等一系列重大理论和实践问题，是当前和今后一个时期我国智库发展的纲领性文件，标志着我国智库进入一个加快发展的新时期。

建设中国特色新型智库既是在我国经济社会转型发展的关键时期，服务政府科学决策、完善国家治理体系的现实需要，也是破解“创新驱动、转型发展”难题和提升国家软实力的战略需要。未来随着我国全面深化改革的持续推进，我国的国际地位将逐渐上升，在国际事务中所承担的责任也将更大，国内所要面对的矛盾也会更多，我国政府必须统筹利用国内外各类智库资源和专业人才能力，促成智库开展中国实践经验与政策主张的对外解读和广泛传播。新型智库作为服务公共决策和适应经济全球化时代对外交流的重要平台，也要更多地参与国际对话与交流，通过与国际著名研究机构共同合作开展重大项目研究，不断提高综合分析与战略谋划能力，为政府公共决策提出更多科学可行的对策建议。

（四）案例讨论

1. 试分析，为什么说思想库是现代化公共决策链条中不可或缺的一环？

2. 联系实际，论述如何发展与完善我国的政策研究组织。

3. 结合本案例，谈谈你对中国社会科学院智库建设的定位和发展的认识。

（五）主要参阅资料及推荐读物

1. 中共中央办公厅、国务院办公厅：《关于加强中国特色新型智库建设的意见》，《国务院公报》，2015 年第 4 号。

2. 刘海峰、刘畅、曹如中：《新型智库服务政府决策的发展契机与提升策略研究》，《情报杂志》，2018 年第 1 期。

3. 隋映辉：《新型智库建设与决策科学化》，《福建论坛》（人文社会科学版），2017 年第 1 期。

4. 王卓君、余敏江：《政府决策与新型智库知识生产的良性互动——基于社会建构主义视角的研究》，《政治学研究》，2016 年第 6 期。

5. 张述存：《地方高端智库建设的现状、问题与前瞻》，《国家行政学院学报》，2017 年第 1 期。

第二章 政策系统

★需理解的知识点及案例分析目标

理解公共政策的系统构成及系统间的相互关系，理解政策系统运行的环节和规律。应用相关知识理解案例中的不同政策系统及其运行规律。

第一节 内容概要

政策系统是公共政策运行的载体，是政策过程展开的基础。西方学者观点认为，政策系统是政策制定过程中所包含的一整套相互联系的因素，包括公共机构、政策制度、政府官僚机构以及社会总体的法律和价值观。我们对政策系统界定为，由政策主体、政策客体及其与政策环境相互作用而构成的社会政治系统。从系统发生论的角度看，政策系统是政策科学研究的一项重要内容，是研究政策过程的前提或出发点。政策系统内部各因素的联系是否得当，直接影响到政策运行是否顺畅，并决定政策效果的好坏。公共政策是政策系统输出的公共产品。通常考察政策系统的两个层次：政策系统内部的结构要素及其功能；政策系统与环境的关系。

一、公共政策主体

公共政策主体，是政策系统中不可或缺的重要角色。公共政策主体，指那些在特定政策环境中直接或间接地参与公共政策制定、实施、监控、评估的个人、团体或组织。不同学者对公共政策主体分类的认识有不同的观点。一是，以主体数量为标准，可分为个人主体和团体主体。前者包括政治领袖、公务员和公民个人，后者主要包括国家机关、政党、官僚集团、利益集团、智囊团和大众传媒等。二是，以主体是否具有公共权力为标准，可以将公共政策主体分为官方主体和非官方主体。官方主体包括立法机关、行政机关、司法机关、执政党。非官方主体包括利益集团、公民、大众传媒、思想库、国际组织等。三是，以主体在政策运行的不同阶段所发挥的功能为标准，可以分为政策制定主体、政策执行主体、政策监控主体和政策评估主体。四是，以主体参与政策过程的方式与程度为标准，可以将公共政策主体分为直接主体和间接主体。前者，是指那些获得法律授权、享有法定权威、能够对社会价值进行权威性分配，从而主导政策过程的个人或组织，包括国家机关、政治领袖等。后者，是指那些虽然并不拥有合法强制力，但能够通过压力、舆论、私人接触等方式，参与、介入到政策过程中，并产生一定影响的个人或组织，主要包括政党、利益集团、大众传媒、智囊团和公民。同时，随着公民社会的逐步成熟，非政府组织(NGO)、自愿性社团、社区组织等“第三部门”大量出现，它们的力量和作用也不断增强，逐渐成为重要的公共政策主体。从以上的类型学分析可以归纳出，公共政策主体的构成主要包括：立法机关、行政机关、政治领袖、官僚集团、公务员、司法机关、政党、智囊团、利益集团、大众传媒、公民等。

公共政策主体的权力，是指主体对政策的目标群体的控制力和影响力。这种权力需要通过公共政策本身才能获得实现。公共政策主体的权力可归纳为：公共政策制定的权力、公共政策执行的权力、公共政策调整的权力及公共政策终结方面的权力等。

二、公共政策客体

公共政策总是针对一定的事件、问题或社会群体而制定的行为规范，因此可以从“事”(政策所要处理的社会公共问题)和“人”(政策发生作用的对象，即目标群体)两个角度来认识公共政策的客体。即，公共政策客体是指公共政策所要处理的问题及其发生作用的对象。“事”的角度，政策客体是公共政策问题，即能够进入政策议程的公共问题。“人”的角度，政策客体即为目标群体，是指那些受到政策影响的社会成员，包括个体、群体或组织。

三、政策环境

政策环境是指影响政策产生、存在和发展的一切因素的总和。戴维·伊斯顿在《政治生活的系统分析》一书中将政策环境分为社会内部环境和社会外部环境两个部分。社会内部环境包括生态系统、生物系统、个人系统以及社会系统；社会外部环境是某社会本身以外的系统，它们是国际社会的功能部分，或者我们可以将其描述为“超社会”“超系统”环境。也有较为常用的划分方法，分为自然环境和社会环境两大部分。自然环境主要是指一国的地理位置、面积大小、气候条件、山川河流、矿藏资源等，自然环境是人类赖以生存的场所和创造文明的自然前提，对一国的内外政策具有影响或制约作用。社会环境主要包括政治状况、经济社会状况、文化状况、教育状况、法律状况、人口状况、科技状况等等，对公共政策起着更为直接而重要的影响。

四、政策系统的运行

从系统发生论的观点出发，我们可以把公共政策看作政策主体、客体与环境相互作用的产物。政策系统的运行实质上就是政策主体、客体与环境相作用的过程，它是由信息、咨询、决断、执行和监控等子系统所构成的一个有机大系统。它的实际运行则表现为政策制定、执行、评估、监控和终结等环节所组成的活动过程。

政策主体、政策客体、政策环境三者之间存在着密切的相互依赖和相互作用的关系。当某一政策系统建立起来时，政策主体和政策客体就成为该系统两个相互依存、不可分离的组成部分，每一方的存在都以另一方的存在作为前提，两者之间是相互影响、相互作用；政策主体要认识环境、把握环境，并了解它的各种优势和弊端，据此预测某项政策实施的可行性和政策运行过程中可能遇到的各种问题；政策客体与政策环境二者高度融合并相互转化——政策客体受到来自于政策主体及其制定的政策作用，显现一定的政策效果，这些政策效果即政策的预期目标，它们往往构成了政策环境的一部分，重新回到政策系统中，并对政策系统的运行过程产生影响；政策环境也在一定的条件下成为政策客体。

现代化、科学化的政策系统是由信息、咨询(参谋)、决断、执行和监控等子系统所构成的大系统。政策过程及其各项功能活动是由这些子系统共同完成的，这些子系统各有分工、相互独立，又密切配合、协同一致，促使政策大系统的运行得以顺利地展开。参考国内外学者的看法，结合我国政策实践的情况，我们将政策系统的运行看作是由政策制定、政策执行、政策评估、政策监控和政策终结等环节所组成的过程，这些环节构成了一个政策周期。

第二节　案例分析

案例一：美国政府移民政策及其发展

(一)案例梗概

美国是一个由移民组成的国家，移民充实了美国的劳动力，带来先进技术，扩大国内市场，丰富了美国文化，促进美国现代化进程等。美国政府采取一系列移民政策构成一个独立的移民法体系，成为美国政治中的一个特征。从美国立国之初至今，各类移民法的创立、修订根据国家的经济和社会发展需要而随时调整，移民政策为其经济、政治和社会利益服务。

(二)案例正文

美国移民政策的发展经历了几个阶段。

一是，建国初期举棋不定的移民政策。在建国初期，美国鼓励接受外来移民，但是接受的数量并不多。这是因为党派和不同地区在关于接受什么样的移民、如何安置、移民对美国社会政治生活会产生何种影响等问题上争论不休，使政府在制定移民政策时举棋不定。美国总统华盛顿很重视移民对开发美国的作用，但他理想的移民模式是：比较殷实的中产阶级带上一些契约奴，既有资本，又有劳动力，美国只为他们提供土地。1794 年 11 月 15 日，他在致约翰·亚当斯的一封信中进一步阐述了对移民问题的观点："关于移民，我认为除有用的技术工人和一些特定的有专长的人以外，其他无需鼓励。整批的移民(我是指整批安置在一处)是否有利，作为一种政策是否合适，大可怀疑。因为迁移后，他们仍保留自己的语言、习惯、准则(或好或坏)，但如与我们的人民杂居，他们及其后代将为我们的习惯、准则、法律所同化，简言之，很快即可成为一个民族。"华盛顿的这个观点贯穿于以后的美国移民政策中。从殖民地时期到独立革命结束时是自由移民和强制移民并存的时期，美利坚合众国成立以来到第一次世界大战前，基本上是相对自由移民时期。第二次世界大战期间，美国一方面逐步放宽了限制移民的政策，开始转向灵活个案处理的政策；另一方面逐步大幅度修改移民限额政策，确立难民和永久性难民政策，完善和加强对非法移民的政策。美国第三任总统托马斯·杰斐逊不反对外来移民，他希望从欧洲获得能教给美国知识的有用的人才，而不需要那些无家可归、游手好闲者。对吸引移民的重要性，特别是对美国工业发展的重大意义，汉密尔顿的认识远远超过其他人。1791年12月5日，他以财政部长的身份向众议院提出了一份具有重大历史意义的《关于制造业的报告》。报告阐述了发展美国制造业的七点意见，其中第四点就是鼓励有技术专长的外国人移居美国。汉密尔顿的建议对美国的早期移民政策影响极大，它为吸引美国资本主义发展所必需的劳动力和先进技术开辟了一条广阔的道路。

二是，限制和选择移民时期。随着国内人口增加、经济发展和国力增强，从1882年开始，美国的移民政策发生了显著变化，限制和排斥外来移民的法律相继制定出来。在1882年以前，国会让各州自行处理移民事务，各州可以根据本州的需要，接受或拒绝外来移民。1882年，联邦政府以避免接受“不受欢迎的移民”为由，采取了种种限制移民的措施。1870年，西部22个州会议建议联邦政府成立一个专门机构来保障外来移民的利益，而波士顿、纽约等大商埠的商会和航运部门则反对联邦政府插手。另一方面，美国社会对外来移民日益增加的趋势，滋生了越来越严重的排外情绪，甚至演变成带有种族主义特征的排外行动。

三是，第二次世界大战后美国的移民政策。从1940年开始，美国大大放宽了欧洲犹太人入境的限制，使欧洲犹太人大批涌入美国。华人移民也有所松动，1943年12月27日，美国国会应罗斯福的要求，废除了1882—1913年制定的一系列排华法。第二次世界大战后，由于美国的国际地位空前提高，出现了向美国移民的新高潮。从1945年年底开始，美国制定了一系列放松移民限额的法律，其中直接反映战争后果的是《战时新娘法》和《美国军人未婚妻法》。1948年和1950年，美国先后两次制定《被迫流亡者法》。根据这项法律，允许自1948年7月1日起两年内接受20.5万被迫流亡者进入美国，1950年又把人数增加到41万多人，在这以后，接纳“难民”成了美国战后移民政策的一大特点。1953年上台的共和党总统艾森豪威尔采取了非限额移民政策。在他任期8年中，有30万非限额移民入境，形成了20世纪20年代以来的又一个移民高潮。非限额移民的对象是政治难民、逃亡者、战争孤儿，重点是“政治难民”。

四是，现代美国政府的移民政策。对越来越多的非法移民，美国不同的利益集团有不同的态度。需要廉价劳动力的企业主不主张限制非法移民入境；工会组织、失业者和技术性行业则主张制定严格的法律来对付非法移民。卡特政府采取了对一定时期内的非法移民给予合法居住权，而对另一部分则严格限制的政策。到里根政府时期，非法移民问题更加突出，1982 年再次提出制定有关非法移民的法律问题。1986 年 10 月 17 日，国会两院通过了《改革与控制移民法》，这是自 1952 年以来美国制定的对非法移民处理最严厉的法律。

五是，特朗普推移民新政：强化边境安全“择优”发放绿卡。2016 年特朗普竞选美国总统期间，特朗普团队表示，将实施十大计划来完善美国移民体系，保障美国团结和美国利益优先。这些计划包括：在美国南部边境修一道墙；取消现在美国对偷渡入境者“捉了就放的做法，非法入境的移民会遭羁押与驱逐出境；对移民犯罪零容忍；不发经费给包庇非法移民的“避难城”；取消违反宪法的行政命令，意指取消奥巴马“暂缓遣返令”，并实行所有移民法律；验明身份之前，不发某些特定国家的签证申请(包括叙利亚、利比亚)；确认被遣返非法移民的国家确切接收了非法移民；完善“生物识别出入签证追踪系统”，来追查逾期居留的外国人；拒绝为非法移民提供工作；改革移民法，保障美国及美国工人的利益。2017 年 2 月上台伊始，特朗普率先就移民问题实施并推动了一揽子计划。实施被外界概括为“禁穆令”的针对特定移民人口来源的行政令，内容包括，美国将在 120 天内暂停所有难民入境；在 90 天内暂停伊朗、苏丹、叙利亚、利比亚、索马里、也门和伊拉克 7 国公民入境；无限期禁止叙利亚难民进入美国。同时，驱逐任何有犯罪违法行为的非法移民。2016 年，美国新罕布什尔大学卡西公共政策学院发布的研究报告显示，美国白人人口止在呈加速下降趋势，且老龄化问题严重，与此同时少数族裔年轻人口快速增长。人口结构的改变给美国政治格局和社会变迁带来深远影响。报告指出，1980 年白人在美国人口中占比 79.6%，到 2014 年下降到 61.9%。其间，拉丁裔在美国人口中所占比例从 6.4%增至 17.3%，非裔和亚裔人口也显著增加。报告预计，到 2030 年至 2040 年间，美国白人人口的绝对数量会开始下滑；到 2050 年之前，白人在美国总人口中所占比例将低于 50%，失去多数族裔地位。显然，移民的进出与存在对国族建立的过程有基本的冲击与影响，移民人口与当地主体民族人口失衡所引发的种族身份意识危机与困境正在显现，文化认同的冲突也在所难免。特朗普的移民新政，反映的正是一部分选民对于外来移民的焦虑和排斥，以及其确保美国利益的决心。

（三）案例分析

政策环境是指影响政策产生、存在和发展的一切因素的总和，公共政策是环境的产物。不同的政策系统所处的政策环境千差万别，不同的政策主体认识和把握政策环境的能力及水平也存在着差异。公共政策系统正常运行，就必须对公共政策与其环境系统之间的关系以及环境系统的构成要素与各要素对公共政策的影响加以认识。每个国家都置身于国际大背景中，一个国家的公共政策不仅要受到国内环境的影响，而且也受国际环境的牵制和约束。美国移民政策是根据国家环境变化所做出的一系列调整。

（四）案例讨论

1. 你如何认识华盛顿政府的移民政策？
2. 请简要概述美国的移民政策是如何随着国际环境的变化而变化的？
3. 请分析美国的移民新政对中国及世界的影响。

（五）主要参阅资料及推荐读物

1. 宁骚：《公共政策学》，高等教育出版社，2009 年版。
2. 吴前进：《特朗普移民新政分析》，《政治学与国际关系论坛》，2017 年第 4 期。

案例二：我国环境保护及其政策的发展

（一）案例梗概

环境问题不是一个单一的社会问题，它与人类社会的政治经济发展紧密相关。环境问题处理不当会危害人们健康，制约经济发展，影响社会稳定。我国推进环境保护，既参与国际环境发展领域的合作与治理，又根据国内新形势和新任务及时出台加强环境保护的战略举措。

（二）案例正文

我国环境保护大致可以分为五个阶段。

一是，从 20 世纪 70 年代初到党的十一届三中全会。1973 年 8 月国务院召开第一次全国环境保护会议，提出了“全面规划、合理布局，综合利用、化害为利，依靠群众、大家动手，保护环境、造福人民”的 32 字环保工作方针。二是，从党的十一届三中全会到1992年。1983年第二次全国环境保护会议，把保护环境确立为基本国策。1984年5月，国务院做出《关于环境保护工作的决定》，环境保护开始纳入国民经济和社会发展计划。1988年设立国家环境保护局，成为国务院直属机构。地方政府也陆续成立环境保护机构。1989年国务院召开第三次全国环境保护会议，提出要积极推行环境保护目标责任制、城市环境综合整治定量考核制、排放污染物许可证制、污染集中控制、限期治理、环境影响评价制度、“三同时”制度、排污收费制度等8项环境管理制度。同时，以1979年颁布试行，1989年正式实施的《环境保护法》为代表的环境法规体系初步建立，为开展环境治理奠定了法治基础。三是，从1992年到2002年。里约环发大会两个月之后，党中央、国务院发布《中国关于环境与发展问题的十大对策》，把实施可持续发展确立为国家战略。1994年3月，我国政府率先制定实施《中国21世纪议程》。1996年，国务院召开第四次全国环境保护会议，发布《关于环境保护若干问题的决定》，大力推进“一控双达标”(控制主要污染物排放总量、工业污染源达标和重点城市的环境质量按功能区达标)工作，全面开展“三河”(淮河、海河、辽河)、“三湖”(太湖、滇池、巢湖)水污染防治，“两控区”(酸雨污染控制区和二氧化硫污染控制区)大气污染防治、一市(北京市)、“一海”(渤海)(简称“33211”工程)的污染防治。启动了退耕还林、退耕还草、保护天然林等一系列生态保护重大工程。四是，从2002年到2012年。党的十六大以来，党中央、国务院提出树立和落实科学发展观、构建社会主义和谐社会、建设资源节约型环境友好型社会、让江河湖泊休养生息、推进环境保护历史性转变、环境保护是重大民生问题、探索环境保护新路等新思想新举措。2002年、2006年和2011年国务院先后召开第五次全国环境保护会议、第六次全国环保大会、第七次全国环保大会，做出一系列新的重大决策部署。把主要污染物减排作为经济社会发展的约束性指标，完善环境法制和经济政策，强化重点流域区域污染防治，提高环境执法监管能力，积极开展国际环境交流与合作。五是，党的十八大以来。党的十八大将生态文明建设纳入中国特色社会主义事业总体布局，把生态文明建设放在突出地位，要求融入经济建设、政治建设、文化建设、社会建设各方面和全过程，努力建设美丽中国，实现中华民族永续发展，走向社会主义生态文明新时代。

我国环境保护取得的主要成效。一是，强力推进污染减排。国家把节能减排作为经济社会发展规划的约束性指标。通过强化目标责任考核，狠抓工程减排、结构减排、管理减排。二是，以环境保护优化经济发展。全面推进规划环评，完成环渤海等五大区域重点产业发展战略环评，开展西部大开发战略环评。三是，解决关系民生的突出环境问题。强化饮用水源保护和地下水污染防治，强力推进历史遗留问题治理，深入推进让江河湖泊休养生息，建立和完善区域大气污染联防联控新机制，加强生态保护和农村环境保护，全社会环境保护意识明显增强。

（三）案例分析

政策环境决定和制约着公共政策，公共政策则改善和塑造政策环境。环境问题是社会经济发展的产物，环境保护政策是解决环境问题的关键。改革开放 40 年来，中国经济一直维持着快速发展的势头，然而随着工业化、现代化、城市化进程的加快，大气污染、水质污染、固体废弃物污染等各种环境问题显现，危及我国经济、社会、政治、健康和生态的安全。环境保护政策在应对日益复杂的环境形势中不断深化发展，相关法律法规不断完善，经济手段和政策在环保中发挥作用，环境保护政策强调“人文关怀”的回归，环保理念逐步深入人心。

（四）案例讨论

1. 试分析环境保护与经济发展的关系。
2. 为了建设美丽中国，你有哪些好的建议？

（五）主要参阅资料及推荐读物

1. 周宏春、季曦：《改革开放三十年中国环境保护政策演变》，《南京大学学报》，2009 年第 1 期。
2. 洪大用：《经济增长、环境保护与生态现代化——以环境社会学为视角》，《中国社会科学》，2012 年第 9 期。
3. 文宏、杜菲菲：《注意力、政策动机与政策行为的演进逻辑——基于中央政府环境保护政策进程(2008—2015 年)的考察》，《行政论坛》，2018 年第 2 期。

案例三：2019 年高校自主招生政策变化

（一）案例梗概

自主招生是高校适应自主办学和素质教育的要求而实施的重要变革。近年来随着自主招生制度逐渐走向成熟，这一录取方式也被越来越多的家长和考生所关注，但与之相伴，问题也渐次凸显。提高门槛、降低优惠、缩减名额，让目前“过热”的自主招生回归其本质，这也契合很多人对招录公平的预期。招生规模、优惠幅度等“缩水”，是为了避免自主招生“注水”。

（二）案例正文

从2019年各试点高校发布的招生简章来看，自主招生政策明显趋严。与2018年相比，各高校自主招生规模明显下降，报名门槛再提高、分值优惠有所降低、增加体质测试是其共同点。

自主招生试点自2003年实施以来，高校有了灵活选材的自主权，也为很多有学科特长、创新潜质的学生提供了进入重点大学的机会。但近年来，自主招生在受到越来越多家长和学生关注的同时，一些高校也发现在个别申请考生中出现了专利论文买卖、材料造假等问题。“量身定制”的专利、“专业代笔”的论文等迅速成为灰色领域中的昂贵商品，破坏了高校招生的公平性。为维护自主招生秩序，增强选材的科学性和公平性，教育部《关于做好2019年高校自主招生工作的通知》中，从招生政策、招生程序、加强监管等方面提出了规范高校自主招生的“十严格”要求，并指导高校从资格条件、招生规模、优惠分值三方面做减法，同时增设体育测试，强化综合素质考核，建立科学的教育评价导向。

从高校公布的自主招生简章来看，报考门槛普遍提高，以公信力高、权威性强的学科竞赛为主。80%以上高校规定了“硬核”条件，将中国科协举办的数学、物理、化学、生物、信息科学五大学科竞赛省级一等奖以上作为报考条件，突出招收学科特长生的定位。同时，为保证考生申请材料的真实性和有效性，所有高校均明确不将论文、专利作为报考条件和初审通过的依据。在自主招生规模上，高校普遍进行了大幅压缩。如武汉理工大学、西南大学、中南大学等高校都将自主招生计划压缩至2018年的1/3以下。高校还进一步规范了自主招生专业，突出基础学科和特色学科，清华大学、山东大学等高校减少了文史类专业招生，北京大学、复旦大学、中国人民大学、中国政法大学等高校进一步提高了文史类专业招生要求。在录取优惠上，高校根据办学定位和专业建设要求，在往年基础上，进一步降低了给予自主招生考生的优惠分值，一般不超过20分。此外，高校还强化信息公开，要求自主招生提交的所有报名申请材料必须经中学审核和校长签字，并在中学网站和班级详尽公示。同时，初审通过考生所提交的材料将在高校招生网站上详尽公示，接受社会监督。与往年相比，自主招生高校均在校考环节增设了体育测试，旨在引导学生增强体育意识、加强体质锻炼。作为一项新的探索尝试，高校一般都设置中学普遍开设的体育项目，如跑步、坐位体前屈、立定跳远、实心球、仰卧起坐、一分钟跳绳等。高校将测试结果作为招生录取的重要参考，如复旦大学等 50 多所高校把体育测试合格作为获取自主招生资格的门槛；其余高校明确同等条件下优先录取体育测试成绩优异者，引导更多学生投身体育运动中，养成终身锻炼的习惯。

（三）案例分析

人才选拔方式的变革，归根到底是为了实现人才培养理念的变革。自主招生启动 15 年来，素质教育理念在高校人才选拔的实践中得以体现，也正向引领了基础教育和社会价值取向。综合评价成为人才选拔主流趋势。习近平总书记在全国教育大会上指出，要扭转不科学的教育评价导向，从根本上解决教育评价指挥棒的问题。实际上，上海、浙江作为新一轮高考改革的首批试点省份，已探索开展了综合评价录取试点。高校依据考生统一高考成绩、高中学业水平考试成绩、高校测试成绩和综合素质评价结果，按比例合成综合成绩，择优录取。

（四）案例讨论

1. 谈谈你对自主招生政策调整的主要环境因素的认识。
2. 自主招生政策的调整和变化还与其他什么政策相关？
3. 你认为该项政策的变化和调整与哪些主要主体相关？

（五）主要参阅资料及推荐读物

1. 张亚群：《高校自主招生改革：动因、问题与对策》，《北京大学教育评论》，2010 年第 2 期。

2. 张天雪、盛静茹：《我国高校自主招生的实践模式、路径和改革理路》，《清华大学教育研究》，2014 年第 6 期。

3. 熊丙奇：《自主招生与高考公平》，《探索与争鸣》，2011 年第 12 期。

4. 潘小明：《自主招生政策的渐进调适过程及影响因素》，《教育探索》，2013 年第 5 期。

第三章　政策工具

★需理解的知识点及案例分析目标

理解政策工具在政策运行中的意义，政策工具的主要类型，以及政策工具的有效选择。应用相关知识分析不同政策事件中工具使用的适用性及不同效果。

第一节　内容概要

政策工具是政府治理的手段和途径，是政策目标与结果之间的桥梁。在执行政策时，选用何种政策工具以及用哪一种标准来评价该政策工具的效果等问题对政府能否达成既定政策目标具有决定性影响。

一、政策工具主要类型

对于政策工具的界定，不同研究者从不同角度给出不同的定义。欧文·休斯认为，政策工具是"政府的行为方式，以及通过某种途径用以调节政府行为的机制"。张成福认为，政策工具是"政府将其实质目标转化为具体行动的路径和机制"。[①] 政策工具可以界定为，人们为解决某一社会问题这一政策目标而采用的具体手段和方式。由于关注角度、思考方式的不同，国内外学者对政策工具有不同的分类，概括起来有两分说、三分说、四分说和多分说。两分说，代表人物是美国政治学家罗威、达尔和林德布洛姆。林德布洛姆倾向于将政策工具分为规制性工具和非规制性工具。三分说，政策分析家狄龙分为法律工具、经济工具和交流工具；霍莱特和拉姆什分为强制性工具、志愿性工具、混合型工具。强制性工具包括管制、公共企业和直接提供；志愿性工具包括私人市场、自愿性组织及家庭、社区；混合型工具包括

---

① 张成福、党秀云：《公共管理学》，中国人民大学出版社，2001年版，第62页。

信息和劝诫、补贴、产权拍卖和使用费等。四分说，代表人物是胡德、英格拉姆等人，如，英格拉姆分为激励、能力建设、符号和规劝、学习四类；欧文·E. 休斯分为供应、补贴、生产和管制。多分说，如林德和彼得斯认为政府的政策工具是多元的，包括命令条款、财政补助、管制规定、征税、劝诫、权威、契约等。[①] 陈振明将政策工具分为三大类，即市场化工具、工商管理技术和社会化手段。市场化工具指的是，政府利用市场这一资源有效配置手段，来达到提供公共物品和服务目的的具体方式，民营化、用者付费、管制与放松管制、合同外包、内部市场等都可以用来帮助政府达成政策目标。工商管理技术是把企业的管理理念和方式借鉴到公共部门中来，吸取有效经验达成政府的政策目标，它包括战略管理技术、绩效管理技术、顾客导向技术、目标管理技术、全面质量管理技术、标杆管理技术和企业流程再造技术等。社会化手段是指，政府更多地利用社会资源，在一种互动的基础上来实现政策目标，如社区治理、个人与家庭、志愿者组织、公私伙伴关系等。

二、政策工具的选择

政策工具选择是政策工具研究的一个重要组成部分。政策执行本身就是政策工具选择的过程，政策执行是一个复杂的过程，它包含了一些基本环节或一系列的功能活动，而这些活动的完成必须依靠一些必要的执行手段。在特定背景下，一些工具会比另一些工具更有效；而一种工具失效后，就要转变为其他工具。所以，政策执行活动作为一个动态过程，就其本质而言就是一个针对具体情况对各种执行工具不断做出选择的过程。在实际政策运行过程中，政策目标、工具的特性、工具应用的背景、以前的工具选择和意识形态等都会影响政策工具选择。

第二节　案例分析

案例一：从兰州水污染事件看公共事业民营化

(一)案例梗概

2014 年兰州“4·11”局部自来水苯指标超标事件引起公众关注。事件主

① 汪大海主编：《现代公共政策学》，清华大学出版社，2010 年版，第 252—253 页。

体是兰州威立雅水务集团有限责任公司(简称“兰威集团”)，该公司是2007年8月由原兰州供水集团有限责任公司与法国威立雅水务(黄河)投资有限公司组建成立的中外合资企业，是兰州市主城区唯一供水单位。威立雅水务公司于2007年1月以出价17.1亿元、股权净值3.6倍的价格，溢价收购兰州市自来水公司45%的股份，同时获得了兰州自来水30年的经营权，是高溢价收购的公共事业民营化改革。2014年4月10日17时，兰州水污染事件暴发，出厂水苯含量超标，引发了兰州市的自来水危机。导致此次水质污染事件的责任人是兰州市威立雅水务公司，该公司未及时对自来水进行检验，导致自来水受到了以前工厂遗留废弃物的污染，政府也没有对自来水的供应进行监督检验。

(二)案例正文

2014年3月初，陆续有兰州市民向市政府投诉，自来水中发现浓烈异味，无法饮用。2014年4月10日下午，兰州威立雅水务公司的工作人员目测到储水池水面的零星油污，随即对水质进行了监测分析，下午5时，兰州威立雅水务(集团)公司发现自来水苯含量达到每毫升118毫克。4月11日凌晨2时，兰州威立雅水务(集团)公司的自检报告显示，一分厂至二分厂之间的4号自流沟的部分水质苯含量达到每毫升200毫克，超过国家限制标准20倍。上午7时，兰州威立雅水务(集团)公司向有关部门呈报了水质监测报告。上午8时，兰州市委书记虞海燕在兰州威立雅水务(集团)公司主持召开紧急会议，省环保厅、省卫计委、省工信委等省直部门领导和专家也同时赶赴现场，开始应急处置。上午11时，兰州市决定停运北线自流沟，排空受到污染的自来水，市区降压供水，高坪及边远地区停水，限制生产性用水。中午12时，兰州市正式通过媒体发布自来水苯污染消息，全市由此进入应急状态。下午4时，兰州市政府门户网站发布政府公告，称兰州威立雅水务(集团)公司在进行水质检测大分析时，检出出厂水苯含量为78微克/升，超过国家10微克/升的限制标准。经多路水质检测，判定黄河水指标和自来水厂一厂至二厂南线输水管道水体指标正常，一厂至二厂北自流沟水体可能被污染。4月12日上午，兰州市委、市政府在西固区召开视频会议，通报自来水苯指标超标事件处置情况。4月13日上午7时，甘肃省环保厅环境监测站发布了兰州市“4·11”局部自来水苯指标超标事故的第24次监测数据。上午9时，兰州市委宣传部向各媒体发出最新通报称：“调查组通过现场踏勘、走访了解、查阅资料、专家会诊等方式，初步判断此次局部自来水苯指标超标应是周边油污造成的。”中国甘肃网也披露了上述信息，并称该信息来自“4·11”局部自来水苯超标事件调查工作进展情况发布会。4月13日，兰州市政府官方微博发布《关于兰州市“4·11”局部自来水苯指标超标事件应急处置情况的通告》，称从4月13日17时开始，对安宁区解除应急措施，停止应急运送水和瓶装水、罐装水的免费发放，市民可以放心安全应用。

兰州市自来水公司于1955年成立，2000年左右出现严重亏损，2005年3月企业改制，成立了兰州市供水(集团)有限公司。管网年久失修，老化严重导致漏失率较高、“爆管”现象频发。2006年年初，兰州市国资委、发改委等12部门联席会议确定：将水网改造资产、污水处理资产、土地资产共计约20亿元的资产注入兰州供水集团。2006年8月，兰州市政府决定污水处理资产暂不注入，土地资产改由保留划拨方式。调整之后，当时兰州供水集团的净资产约为9.5亿元。2006年9月，兰州市国资委发布公告拍卖转让兰州供水集团45%的股权，其中包括出让2.7亿元部分国有股权、全部0.6亿元职工股权，并增资扩股1.4亿元，出让股权净值共计约为4.7亿元。2007年1月，法国威立雅集团出价17.1亿元，以股权净值3.6倍的价格，溢价收购这45%的股份，同时，威立雅获得兰州自来水30年的经营权。根据协议安排，这17.1亿元中，约7亿元用于收购2.7亿元国有股股权、0.6亿元职工股股权，其余约10.1亿元作为增量投入，其中1.4亿元用作增资扩股，8.7亿元用于后续投入，后续投入资金分3年陆续到位。资料显示，后续公司投入682万元建成九州开发区的自来水管线工程；投资234万元完成了彭家坪加压站工程；投资200多万元建成青白石乡输水专线、水库、加压站等全套工程；投资1100万元建成龚家湾加压站。完成生物制品研究所、兰药集团等三家单位的自备水源改造工程；完成兰州铁路局自备供水系统纳入城市供水管网改造工程。这些新建或改造管网工程，解决了高坪、边远等地区的用水问题，扩大了供水规模。

(三)案例分析

20世纪70年代末，西方各国政府为了减轻财政负担，调整政府职能，开始了民营化改造。通过民营化将公共部门承担的社会服务出租和承包出去，由社会经济组织或中介机构去承担，政府制定法律和规章制度并监督执行。兰州水质污染事件中，兰州市政府进行自来水供应民营化改革，政府与威立雅水务公司之间的责任与义务没有明确界限，造成在改革后存在着许多“灰色地带”。威立雅水务公司以17.1亿元高价获取了兰州市自来水供应的特许经营权，缺乏竞争对手。在市场竞争不完全的情况下，会造成公共服务质量的下降，公共产品价格的提高，损害公共利益。政府没有实现对兰州水质相应的监管，水质污染发生了很长时间后才得知情况，致使污染范围扩大。

（四）案例讨论

1. 结合实际谈谈你对公用事业民营化的理解。
2. 根据案例谈一谈公用事业民营化存在哪些不足。
3. 公用事业民营化改革中如何建立政府责任？

（五）案例主要参阅资料及推荐读物

1. 张婷：《论公共事业民营化中政府的责任——以兰州水质污染事件为例》，《中国管理信息化》，2017 年第 8 期。

2. 李滔：《城市公用事业民营化改革研究——基于兰州水质危机》，《南方企业家》，2018 年第 3 期。

案例二：九寨沟地震中的政府和非营利组织合作

（一）案例梗概

2017 年 8 月 8 日 21 时 19 分 46 秒，四川省北部阿坝州九寨沟县发生 7.0 级地震。截至 2017 年 8 月 13 日 20 时，地震造成 25 人死亡，525 人受伤，6 人失联，176 492 人（含游客）受灾，73 671 间房屋不同程度受损（其中倒塌 76 间）。由于九寨沟为著名旅游景点且八月份属于旅游旺季，所以此次受灾群众多以游客为主，社会影响范围广。在突发紧急情况下，政府和非营利组织发挥各自的优势，迅速开展救援。

（二）案例正文

各级政府的应急响应。地震发生后，阿坝州、四川省、国务院各级政府迅速响应。在地震发生后十五分钟内，阿坝州防震减灾局立即启动应急响应，成立应急指挥部，分为震情监视组、灾情收集组、信息报送组和后勤保障组，率先到达灾区开展人员营救、通信抢修和灾情收集等工作。四川省政府成立“8・8”九寨沟地震抗震救灾应急指挥部，并启动一级应急响应预案。在中央层面，总书记立即做出重要指示，要求迅速组织力量救灾。8 月 9 日凌晨，国务院抗震救灾指挥部启动国家二级地震应急响应，国家减灾委、抗震救灾指挥部组成联合工作组赶赴灾区指导救灾工作。随后，州政府现场工作组在九寨沟县与国家局、省局工作组会合，进行工作汇报交接，后续指挥工作由省政府指挥部统一安排。直至 8 月 21 日，阿坝州防震减灾局决定按照中国地震局和州委、州政府的工作安排，将此次九寨沟 7.0 级地震灾害抢险救灾工作转为常态化值班，结束应急响应。

非营利组织的应急响应。九寨沟地震发生后，非营利组织快速响应，积极参与应急响应过程中。据四川省“8・8”非营利组织和志愿者协调中心的初步统计，这次在中心登记报备参与前线服务的总计有 2288 名志愿者，共有 219 家非营利组织、志愿服务团队或企业在中心网络平台登记备勤，共有 114 家到九寨沟“8・8”非营利组织和志愿者服务协力中心工作站登记报备并参与现场服务。参与联合救援的非营利组织大致可以分为两类：一类是具有官方背景的中国红十字会、中国扶贫基金会、中华慈善总会等组织；二是一些专业性的非营利组织，例如壹基金、中华儿慈会等资助型组织和蓝天救援队、浙江公羊队等专业救援型队伍，他们通过以往的救灾经验实现了自身实力的累积，在民政部门已经登记注册，并且能够相对独立地开展活动。此外，在登记报备的 2000 多名志愿者中，有 90%来自四川当地，他们较为熟悉当地地理、人文环境，在疏散滞留旅客、营救被困人员等方面发挥了重要作用。及时进入灾区的都江堰岷江应急救援队、广元蓝天救援队、成都滴水公益海豚救援队参与到人员营救当中，为军队、武警和消防提供了助力。在群众安置方面，壹基金、红十字会等非营利组织为受灾群众提供食品、水、药品、帐篷等必要生活用品，帮助其紧急转移安置，搭建临时房屋。在救灾物资筹措方面，非营利组织发挥自身的社会动员作用，利用自身网络号召社会捐款。例如，在灾害发生后，中国扶贫基金会联合苏宁众筹，第一时间上线“爱心公益众筹”，通过众筹方式为九寨沟地震灾区提供资金或物资援助，天齐锂业、中国三星、苹果等各大型民营企业、外资企业通过扶贫基金会向灾区捐款。

在九寨沟地震中，政府和非营利组织表现出了积极的合作意向和行动。由于非营利组织的类型和侧重点不同，其在与政府的互动过程中也产生了不同的合作方式。非营利组织自发形成不同的联盟网络进驻灾区，在一定程度上整合了非营利组织的力量。然而，由于各非营利组织网络之间缺乏协调，救灾物资和社会车辆短时间内大量涌入，加之仍有个体志愿者的汇入，都给灾区救援带来压力。为了维护灾区的救援秩序，合理分配救灾资源，8 月 9

日凌晨，由四川省委牵头联合非营利组织成立"8·8"非营利组织和志愿者协调中心。随后，九寨沟县团委与工会、妇联、组织部、统战部以及相关非营利组织成立九寨沟县"8·8"地震非营利组织和志愿服务协力中心工作站。此外，出于震中漳扎镇灾情严重、社会救援力量扎堆的原因，九寨沟县团委决定在漳扎镇成立社会援助力量工作站。非营利组织和志愿者协调中心成为政府联结非营利组织、整合社会资源、合作调配的重要渠道。

（三）案例分析

非营利组织具有一定的自治性、志愿性、公益性或互益性，至少有以下功能：动员社会资源、提供公益服务、社会协调与治理、政策倡导与影响等。在九寨沟地震救灾过程中，非政府组织可以有效整合社会的人力、物力等资源，保障灾区救援资源的有效供给，并根据不同救援需求，建立不同专业的救援队伍，执行不同的救灾任务。在灾后重建阶段，非政府组织应该承担更多职能，整合救灾资源并有机融合到灾区的长期发展中去。

（四）案例讨论

1. 结合实际，谈谈你对非营利组织的理解。
2. 如何完善在自然灾害治理中政府和非营利组织的合作模式？

（五）案例主要参阅资料及推荐读物

1. 王名：《非营利组织管理》，中国人民大学出版社，2016 年。
2. 刘聪聪：《突发自然灾害应急响应中政府与社会组织的合作研究》，山东大学硕士/博士学位论文，2018 年。
3. 门钰璐：《非政府组织参与自然灾害救助研究》，郑州大学硕士/博士学位论文，2018 年。

案例三：城市公共公园的建设与管理

（一）案例梗概

随着我国社会的主要矛盾转变为人民日益增长的美好生活需要和不平衡不充分的发展之间的矛盾，人们开始越来越关注居住环境的健康，注重绿色系统的生态功能和效应。公共绿地、公共公园的建设与有效管理直接影响到居民的生活质量。同时，市民是城市的主人，城市的建设管理离不开公众的力量。深圳以建设国际化城市为发展目标，不断探索公众参与城市公园建设管理事务的新方法。通过分析总结香蜜公园公众参与模式和具体措施，能为推动我国城市公园发展提供参考。

(二)案例正文

香蜜公园位于深圳市福田区中心地段，规划有运动休闲区、果树林区、生态水系区、花卉生活区。该园于2014年筹建，2017年7月建成，开园后最高日入园人数达10万人次，最高同时在园人数超过3万人。由于项目地处城市中心区位，周边住宅、写字楼、中小学校云集，人口密度大，人员结构复杂，加之原场地随城市发展几经变迁，业态复杂，因此该园自筹建以来就受到社会各界的高度密切关注。福田区政府自立项之初就秉承“开门建园”的理念，提出“开门问计”的工作思路，推动建立公众参与到公园的规划设计、建设、管理中来。

香蜜公园建设之初，福田区政府推动成立了福田区公园之友城市管理服务中心(简称“公园之友”)，该社会组织聚集了与风景园林相关的建筑、生态、水利、交通等行业领军团队和专家，以及热心公益关爱环境的社会人士，搭建了一个公众与政府有效沟通交流的平台。公园之友设有理事会、监事会、秘书处、顾问团等。其中，会长1人、秘书长1人、副会长14人、理事19人、顾问68人，会员总数106个(个人或单位)。香蜜公园设计方案采取国际设计竞赛方式，面向全球广泛公开征集设计方案，收到了来自美国、英国、德国、意大利、法国、荷兰、澳大利亚7个国家，以及我国6个城市共计43个方案，经过2轮评审确定公园最初方案。后通过现场会、讨论会、工作坊、电话咨询、媒体公告、评审会、研讨会等多种形式，广泛征集公众的意见、听取公众诉求。同时，在问卷调查、听证会设计阶段，在公园之友的组织下政府、设计师听取了来自附近社区居民、周边写字楼员工、周边学校师生等不同群体的需求和意见，公众通过线上线下多种途径反馈问卷信息，通过问卷信息统计分析，明确了公园交通路线、出入口设置等，公众提出的场内植物保护利用，片区缺乏体育活动场地，建立图书馆与周边学校进行合理配套，开展自然教育，设置便民服务设施等问题均被纳入公园设计方案。此外，福田区城市管理局组织召开了深圳市首个公园建设听证会，听取了政协委员、人大代表及市民代表的意见与建议。在扩初设计阶段，公园之友组织专家对方案中的园林植物、建筑、水系、灯光等各专项设计展开反复研讨，参与专家逾百人次。市民、政协、人大代表现场监督在施工阶段，通过公园之友的有序组织，在建设的重要节点开展社会监督活动。施工过程中公园之友发挥社会资源优势，多次组织各行业专家对施工遇到的疑难问题进行现场指导。此外，还积极组织志愿者，主要工作内容包含日常园容监督、园区宣传及游客导赏、公益活动组织等。随着志愿者队伍的壮大，借鉴香港等地的先进做法，未来将根据志愿者的职业、年龄、性格特点进行专业细致分工，拓展社会服务范围，让市民参与园区植物修剪、生态及自然教育、社会需求及满意度调研等工作，使公众更直接地参与园区具体事务，促进周边社区之间的交流和发展，营造良好的城市文化氛围。

香蜜公园公众参与主体主要为公园之友和各社会群体及市民，通过公园之友的组织，参与对象包括：周边社区居民、周边学校师生、周边企业员工、相关领域的专家、政协委员、人大代表、热心社会团体以及企业等。重点在筹建、规划设计、施工图、施工建设、运营管理的全过程中根据不同群体特点及能力，在不同阶段以不同形式的活动，如问卷调查、街头采访、社区亲子活动、研讨会、社会监督活动，主动使重点利益相关人群参与其中，并对决策结果进行社会公示，完全达到公众参与阶梯理论描述的实质性参与层面。

（三）案例分析

城市公园是城市绿地的重要组成形式，是城市居民休闲游憩活动的主要载体，具有开放性、共享性、包容性，其服务对象是包括所有市民和游客在内的公众群体。随着经济的发展，我国城市公园数量与日俱增，其建设管理问题也日益凸显。当前，城市公园的管理大多由政府全权负责，由此产生的问题突出表现为设计的趋同化、设施不完善等，且后续管理不完善。

香蜜公园公众参与案例是深圳市福田区政府以创新职能转移为契机，由政府引导、培育公园之友等社会组织，构建公众参与平台，不断完善参与机制，在公园规划、建设、管理全过程中广泛调动社会力量多角色参与，多元决策，共建、共治、共享的城市公园的新模式。其中，政府主要承担公园的行政管理职责，理事会行使香蜜公园决策权和监督权，物业管理公司承担日常园区管护运营的工作职责。该模式下政府简政放权，实现了现代城市公园法治化、社会化、市场化的先进管理理念，使所有民众、企业和社会组织都有机会参与到政府项目的建设管理中来，越来越多的社会团体、企事业单位在园内开展了丰富的文体活动，真正成为公众乐享之园。

(四)案例讨论

1. 结合本案例，谈谈你对社会公众、社会组织参与城市公园建设与管理的优势和存在的不足。

2. 结合本案例，谈谈在城市公园管理中不同主体的角色与定位。

3. 在城市公共公园的管理中，国内外还有哪些先进的经验和做法可以借鉴?

(五)案例主要参阅资料及推荐读物

1. 孙逊:《城市公园公众参与模式研究——以深圳香蜜公园为例》,《中国园林》,2018 年第 2 期。

2. 骆天庆:《美国城市公园的建设管理与发展启示——以洛杉矶市为例》,《中国园林》,2013 年第 7 期。

3. 谢恺琪、黄兰英、唐佳梦:《社会公益组织管理城市公园的创新实践》,《中国园林》,2018 年第 2 期。

4. 尹若冰、邹涛:《公众参与对城市公园建设的作用:以美国明尼阿波利斯公园系统为例》,2012 中国城市规划年会论文集,2012 年。

5. 俞可平、贾西津:《中国公民参与:案例与模式》,社会科学文献出版社,2008 年版。

第四章　比较公共政策

★需理解的知识点及案例分析目标

理解比较公共政策兴起的背景、比较公共政策的内涵和价值定位，以及比较公共政策的主要方法和理论。应用相关知识分析不同类型的政策、不同国家或地区政策的异同及其原因。

第一节　内容概要

一、比较公共政策的含义及价值

20 世纪 80 年代之后，比较公共政策研究逐步成熟和完善，成为政策科学领域的一个重要分支。对于比较公共政策概念的界定，学者们有着不同的认识。阿诺德·海登海姆认为比较公共政策是对不同政府追求特定作为与不作为的相关方案进行比较，探讨其如何、为何以及造成何种效果的研究。费勒尔·海迪认为比较公共政策就是对政府政策如何开发、为什么要开发及产生何种效果进行跨国研究。除了要考察不同的政策领域，如环境政策、教育政策、经济政策、社会政策等，以及各种政策领域的技术发展水平之外，还要探讨策略、方法论和政策应用等问题，并对过去的成就和未来的发展方向做出评价和估计。比较公共政策研究可以呈现对同一社会问题不同制度的差别治理效果，分析目的在于提高对政策制定的内容和过程的理解。

比较公共政策作为公共政策学的一个重要分支，其产生的直接原因是当代社会各种经济问题的大量出现以及社会对于解决这些问题的迫切需要。研究比较公共政策的主要目标是了解和解决社会问题，提供关于公共政策的基本知识，改善公共决策系统，提高公共政策质量，并拓宽社会科学的研究范围，推进理论的发展。

二、比较公共政策的理论与方法

比较公共政策研究注重从现有的客观实际出发，通过跨国界的对比研究以及实证研究和经验研究，总结出各国政策制定固有的规律性。比较公共政策主要涉及三个方面的问题：各国政策有什么区别；为什么有这些区别，是哪些因素导致了不同的政策产出；政策对社会产生了什么影响。分析架构包括一般性与理论性的观点、政策决定因素分析、政策过程研究、政策产出与评估等。可以开展个案研究，选择特定政策议题，如某项立法的制定与执行、某项政策行动的决定，进行比较研究，也可以做集群资料分析。①

第二节　案例分析

案例一：从“抢人大战”看我国不同城市的人才引进政策

（一）案例梗概

2017年初，武汉市出台人才引进政策，成都推出“人才新政12条”等，各地陆续公布了新的人才引进政策，如长沙、郑州、合肥、天津、青岛、昆明等。“抢人大战”背后，是城市升级转型人才动力不足的问题，各地需要因地制宜地制定可持续的人才发展政策。

（二）案例正文

进入2017年，全国有超50个城市发布了人才吸引政策，2018年开年有超35个城市发布了40多次人才吸引政策。网络上总结出了人才引进政策的地方之最。最贴心的南京，免费体验3—5日南京游，求职就给1000元面试补贴；最给力的天津，中专生在当地工作3年即可落户；最鼓舞的深圳，本科生落户就补贴1.5万元，同时可以申请公共租赁住房轮候；最直接的郑州，首次购买住房补贴博士10万元、硕士5万元、本科生2万元；最放心的武汉，购房租房“打八折”，本科生年薪保底5万元；最温暖的宁波，夫妻投靠落户不受时间限制，父母投靠落户不受年龄限制；最大方的珠海，赠送

① 涂晓芳编著：《比较公共政策》，北京航空航天大学出版社，2011年版。

50%住房产权、创业团队最高亿元资助；最便捷的西安，大学生只需身份证与毕业证即可网上注册落户。

招聘网站 BOSS 直聘 2018 年 3 月 6 日发布的《2018 旺季人才趋势报告》显示，随着本科落户、创业支持、购房优惠、所得税减免等“新一线”城市人才吸引政策的集中出台，城市间“抢人集团”的排位雏形已经显现。其中杭州、武汉、成都、郑州、西安五个城市人才吸引力最高，2018 年离开北上广深的求职者，有 35.5%的人选择了这五个城市。报告也指出，近三年来，工作首选城市为北上广深的 18—35 岁青年劳动者比例迅速下降，从 2015 年的 65.8%下降至 2017 年末的 46.5%。选择“新一线”城市的青年劳动者比例直线上升，选择二、三线城市的年轻人比例也较 2015 年翻倍；一线城市(北、上、广、深)人才净流出率达到 0.6%，较 2017 年同期增加 0.05 个百分点。北京市统计局公布数据显示，自 2000 年以来北京市常住人口和户籍人口首次出现负增长。2017 年北京市常住人口比上年减少 2.2 万人，全市

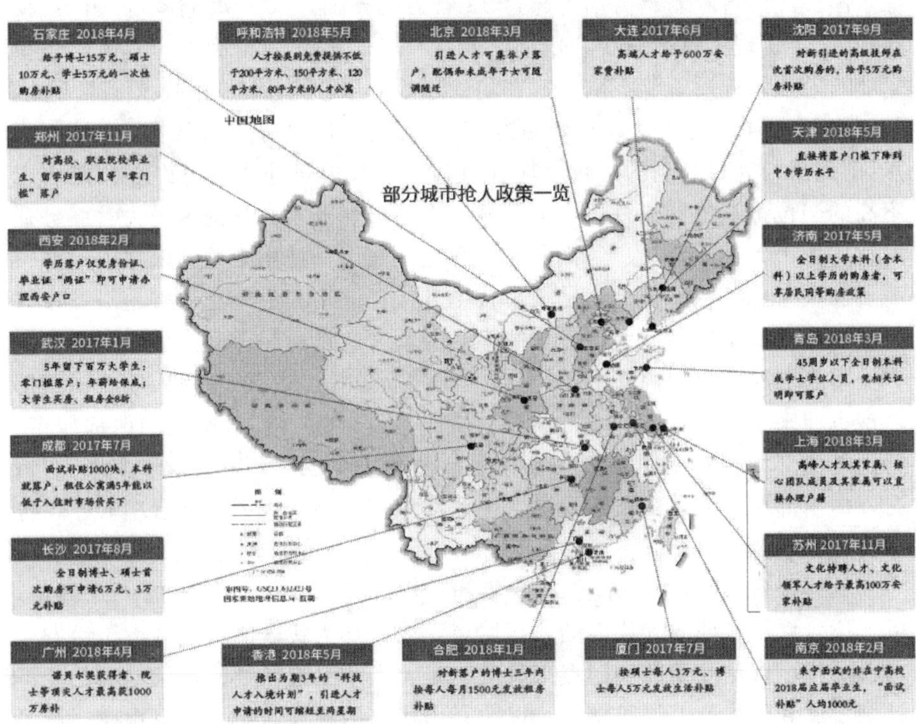

图 4-1　城市人才政策出台时间与概况

户籍人口比上年减少3.7万人。北京市发布了《北京市引进人才管理办法(试行)》，提出要建立优秀人才引进的“绿色通道”。2017年，大学生留在武汉就业创业30.1万人；新落户14.2万人，分别是上年的2倍和6倍。2018年一季度，大学毕业生留武汉创业就业热度不减，已近10万人，办理大学毕业生落户3.9万人。从2017年8月到2018年1月底，长沙新引进10万余名海内外优秀人才，公安机关办理高校毕业生“零门槛”落户3.2万余人。2018年第一季度，西安自市外迁入户籍24.49万人，人口机械增长是2017年同期的11.5倍，是2017年全年的1.2倍。换言之，西安3个月迁入的户籍人口超过2017年全年。这当中，人才引进、大专以上的学历落户人员占新落户总人口的54%。

从“抢人大战”的背景及成因来看，一是人口红利逐渐退去。《中国统计年鉴》的数据显示，2013年以前，我国劳动适龄人口(16—64岁)的数量呈现逐年递增态势，从1982年的6.25亿人增至2013年的10.06亿人，从而确保了国民经济每年新增劳动力超过1200万。然而，16—59周岁的人口规模在2012年出现了首次减少，由前一年的92543万人减至92198万人，减少了345万人，此后逐年下降，2013年减少244万人，2014年减少371万人，2015年减少487万人，2016年减少349万人。这也标志着我国“刘易斯拐点”的到来与人口红利的衰减。尽管目前人工智能迅速发展，许多技能要求不高的岗位都被机器人替代，但是城市发展仍然需要大量的劳动力。服务业发达的城市尤其需要“人工”而非人工智能。在下一波用工荒到来之前，城市需要加快“抢人”的步伐。二是城市转型升级。北京、上海这一类超级城市要解决城市纵深发展的问题，需要的不是劳动力数量而是劳动力质量。北京的产业重心已经逐步向高新科技转移，需要“高、精、尖”的顶级人才。中西部城市也迎来了城市转型升级的紧要关头——“一带一路”战略是中西部城市，特别是西部城市发展的一次巨大机遇。然而，受困于以往“落后贫穷”的情况，中西部城市人才流失率很高，中西部城市转型升级需要高层次人才，也需要一般的劳动人员。

具体来看，2017年初至2018年初，以北京、上海为代表的一线城市，以天津、武汉、西安为代表的二线城市，以义乌为代表的三线城市纷纷发布“人才新政”。从政策的相同点来看：一是，人才引进政策的基点是满足经济社会发展和优化产业层级结构。以北京为代表的超大、特大城市旨在打造第三产业为主导的经济增长驱动点，这决定了它对高科技、金融、创意文化、信息服务等行业人才的需求要强于对传统工业和一般制造业技术人才的需求。西安、武汉通过优化企业家成长环境，加快培养高技能人才，倡导通过高新技术驱动经济发展，试图通过促进产业升级，改变过去一般工业投资驱动经济发展的模式。北京、西安、武汉等城市的人才引进政策，共同反映了当前全国大中城市贯彻创新、协调、绿色、开放、共享发展理念，以加快科技创新为突破点，助力服务业和制造业高速增长和升级地区产业结构的迫切需要。二是，人才引进政策的重点是招揽“高、精、尖”和科技创新领军人才。基于不同级别城市经济社会发展需要的不同，其对技术型人才的引进要求和对企业创业的优惠政策也各有不同。相同之处是都把“高、精、尖”和科技创新领军人才作为重中之重的引进对象，所有制定人才引进政策的城市都对全日制本、硕、博毕业生和“千人计划”“长江学者”抛出橄榄枝，在住房补贴和资金奖励方面提供优渥的支持政策，义乌甚至对拥有全日制硕士学位人才的入驻给予高达40万元的补贴，大中小城市对“高、精、尖”和科技创新领军人才的引进力度由此可见一斑。三是，人才引进政策的热点是优先落实户籍和社保政策。为了让吸纳的人才更长期稳定地服务于本地区经济建设和社会发展，各地区都将落实户籍和社会保障政策作为人才引进的优先之举。即便是“千金难求”落户指标的北京，也对“千人计划”和“海聚工程”的中国籍入选专家，“万人计划”、“高创计划”、中关村“高聚工程”的入选人才提供落户“绿色通道”，快速办理引进手续。武汉、西安等二线城市还特别对引进人才提供全方位的社会保障服务，从廉租住房到补贴买房，从创建人才社区到建立人才培训基地，简化落户手续，敞开绿色通道，表达了对人才长期稳定在本地区工作服务的强烈渴求。

从政策的不同点来看：一是，不同级别城市人才引进立足点不同。以北京为代表的一线城市人力资源层次丰富，其中普通中高层次人才数量接近饱和。因此，北京人才引进政策的立足点不在于吸引普通中高层次人才，而在于吸纳“高、精、尖”的创新拔尖型高层次人才。以西安和武汉为代表的二线城市，有一定的人才储备基础，人力资源层次较为丰富，但相较于经济社会快速发展态势，高层次人才资源储备不足，需要进一步优化城市人口结构，采取更具竞争力的政策吸引英才。与此相反，以义乌为代表的中小城市由于城市吸引力不足，大量人力资源流向一、二线城市，导致自身人力资源单薄，中高层次人才匮乏，因此需要通过系列优惠政策吸引外来人才，填补中高层次人才的空缺。西安受国家“一带一路”倡议影响，战略地位陡增，其人才引进政策的立足点在于吸纳满足当下经济建设的优秀人才；武汉作为近年来发展大步提速的二线城市，其人才引进政策的立足点则在于优化城市人口结构，促进城市经济建设和文明建设。二是，不同级别城市人才引进方式不同。北京作为首都和国际化大都市，具有得天独厚的发展优势，在教育、医疗、社保等民生领域和投资创业环境上领先全国，不需要通过资金补贴和福利待遇吸引人才，仅仅凭北京户籍就足够招来高层次人才。武汉、西安等二线城市本身具备较为丰富的人力资源和较为先进的基础设施，经济环境和文化环境也较有吸引力，且具有较大的政策自主权，但由于其人口结构中高层次人才占比不高，因而其人才政策提供的不只是资金补贴，还有配套的高规格福利待遇，其人才吸引方式多为选拔招徕型人才引进。中小城市竞争力不足，吸引力处于劣势，必然通过高额资金补贴和提供最大福利待遇招揽人才，其人才吸引方式多为“物质刺激”型人才引进。三是，不同级别城市人才引进目标不同。北京作为国家创新科技应用的前沿一线城市，承担着“中国制造 2025”“工业 4.0”等重大国家发展战略使命，需要大批顶尖科技创新领军人才的支持，其人才引进目的在于，不仅要满足新时代城市高度文明发展、产业优化布局的需要，还要满足支撑作为国家高端前沿产业发展的试验田和驱动国家级重大工程项目的需要。武汉等二线城市人才引进的目的，更注重满足建设现代化都市、优化城市人口结构、带动城市产业结构优化升级、改善城市文化气息的需求。西安等战略地位重大的二线城市，适逢国家战略带来的发展良机，迫切需要丰富其人力资源储备，其引进人才的目的在于，借助国家发展战略推动城市振兴发展。而中小城市出台的人才政策，主要目的则是防止人口流失、优化人才结构、促进中高端产业发展。

（三）案例分析

总的来说，各地出台人才政策是符合发展规律和发展需求的。“抢人大战”是城市为了自身发展的积极举动，城市出台的人才新政对于吸引人才、改善城市人才结构有一定的推动作用。但是各城市在抢人的过程中，也要注意结合城市发展的特色，不要为了“留人”而“留人”，还要注意人才引进之后的人才培育机制。各城市政府还要密切留意“抢人大战”背后的隐忧，适时调整人才政策。

（四）案例讨论

1. 不同类型的城市如何制定符合自身发展特色的人才引进政策？

2. 城市为了引进人才在政策上给予优惠，导致本地人才产生“不公平”感。公共政策的制定者在制定公共政策时，如何解决这一问题？

（五）主要参阅资料及推荐读物

1. 涂晓芳：《比较公共政策》，北京航空航天大学出版社，2011 年版。

2. 赵国钦、张战、沈展西、洪倩：《新一轮"人才争夺战"的工具导向和价值反思：基于政策文本分析的视角》，《中国人力资源开发》，2018 年第 6 期。

3. 陈秋玲、黄天河、武凯文：《人力资本流动性与创新——基于我国人才引进政策的比较研究》，《上海大学学报(社会科学版)》，2018 年第 4 期。

4.《澎湃新闻：在"人才争夺战"中，各城市的引才政策有何侧重?》，http：//m. thepaper. cn/newsDetail _ forward _ 2170650，2018-06-03.

案例二：电影分级制度

（一）案例梗概

电影产业作为文化产业的一个重要组成部分，它不仅拥有经济属性，还拥有社会文化属性，包括对社会大众的思想引领与熏陶。电影分级制度指根据影片之内容来规定和划分适合观赏的年龄段，目前美国、日本、中国台湾、中国香港等地区有分级制度。通过比较这些地区的电影分级制度，对中国大陆是否实行该制度进行讨论与思考。

（二）案例正文

1. 美国的电影分级制度

在美国电影发展过程中，电影审查和电影分级是两个不同的概念。美国电影分级制度是指好莱坞通过美国电影协会(MPAA)制定并执行的电影业自律制度，电影人自觉遵守。电影审查制度则是通过当地的州或者市的立法形式确立，另外，还有好莱坞电影企业自己生产的影片自我审查的制度。从发展历程来看，一是，从《海斯法典》到分级制。1922 年，"美国制片人和发行人协会"(MPPDA)成立。八年之后，一些宗教人士起草了一份严格规范电影界人士行为的文件，在电影的制作过程中就进行干预，保证影片在道德和政治上不越轨。这份文件被时任美国制片人和发行人协会主席的海斯所接纳，名为《电影制作法典》，也就是影史上争议极大的《海斯法典》。《海斯法典》包括三项基本原则和十二大项应该禁止的内容。对电影表现犯罪、性、粗俗、舞蹈、种族关系、民族情感、宗教以及所使用的语言、影片片名等方面做了近乎苛刻的详细规定。二是，好莱坞十君子案。1938 年美国国会众议院成立非美活动调查委员会，第二次世界大战后，在麦卡锡主义泛滥时该委员会为了调查所谓“好莱坞被共产党渗透的程度”而传讯大批好莱坞电影界人士，其中有十人拒绝作证，不愿透露任何人的政治背景和思想倾向而被判蔑视国会罪。除这十人被监禁罚款外，另有大批艺术家被迫改行、改名换姓或流亡国外。三是，早期电影分级制度。1968 年，由“美国电影协会”(MPAA)的主席杰克・沃伦蒂牵头制定的新的自愿性质的影片分级体系应运而生，分为四个级别。G 级，大众级，老少皆宜；M 级，建议父母指导，但所有人都可以观看；R 级，16 岁以下(后来提高到 17 岁)须有父母或成人陪伴；X 级，16 岁以下禁止观看。电影管理工作从指令制片人该拍什么或不该拍什么转向从保护青少年健康成长的角度出发，为陪同孩子观影的父母提供指导和警示。每部影片具体所获得的级别由专门的“定级委员会”(Rating Board)评定，这个机构设在洛杉矶，由 8—13 名成员组成，全部成员采用匿名制。四是，美国现行分级制度。分为 G 级、PG 级、PG-13 级、R 级和 NC-17 级五种级别。G 级为大众级，适合所有年龄段的人观看，该级别的电影内容可以被父母接受，影片没有裸体、性爱场面，吸毒和暴力场面非常少，对话也是日常生活中可以经常接触到的；PG 级为辅导级，建议在父母的陪伴下观看，一些内容可能不适合儿童观看，该级别的电影基本没有性爱、吸毒和裸体场面，即使有时间也很短，恐怖和暴力场面不会超出适度的范围；PG-13 级为特别辅导级，不适于 13 岁以下儿童，该级别的电影没有粗野的持续暴力镜头，一般没有裸体镜头，有时会有吸毒镜头和脏话；R 级为限制级，建议 17 岁以上观看，该级别的影片包含成人内容，里面有较多的性爱、暴力、吸毒等场面和脏话；NC-17 级为 17 岁以下观众禁止观看，该级别的影片被定为成人影片，未成年人坚决被禁止观看。影片中有清楚的性爱场面，大量的吸毒或暴力镜头以及脏话等。对于美国的电影来说，所有评级都是自愿的，一般会由制片人将电影送交至 MPAA 进行等级评定，负责评级的等级评定委员会由 8—13 成员组成，组委会成员的背景各有不同。等级评定的流程是成员们观看送审电影，分别评估合适的等级，组内讨论各自意见，最终投票决定此影片级别。如果制片人要求，组委会还会向他解释给出此等级的原因。如果制片人对于评级结果不满意，他可以重新剪辑影片，再次送审，或者提出重审诉求。这种电影分级制度可以让观众提前了解影片的适宜观看指数。对于青少年发展教育，区分其等级和适宜度，起到指导看片的作用；促进电影制度的改革和电影产业的发展；更好地保护未成年人：片子分完级就被分配到各自特定的影院和时间段上映，比如G级影片可以在所有影院、所有时间段供所有人看，R级影片只能在少量特定影院，并且是晚场供17岁以上成人观看。

2. 中国香港的电影分级制度

香港直到1988年11月10日，第一部真正有关电影分级制度的法例《1988年电影检查条例草案》才正式生效，开始实行“三级制”。第Ⅰ及Ⅱ级属劝谕性质，并无法定年龄限制，ⅡA或ⅡB级的影片，影视处鼓励家长陪同及指导子女观看，此三类级别电影对未成年人只有劝导义务，没有强制权利；第Ⅲ级最为严格，不能售票予18岁或以下人士进入电影院观看，法例容许验票员检查入场者的身份证，影院也会在电影播放之前提示该影片类型为第Ⅲ级，若影院由于被查出场次中有不符合限制年龄阶段的观影者，而受到处罚，将对观影者的监护人提起民事诉讼。此类级别的电影年龄限制强制执行，否则便是违法。在香港，对电影进行分级的是娱乐事务管理科下属的电影检查分部(简称电检处)。电影的评级决定，可由电影检查处的审核委员会(电影检查)复审。

3. 中国台湾的电影分级制度

在台湾，新闻局依据电影片分级处理办法第二条将经检查核定后准演的电影片分为下列四级，此类分级具有行政命令效力。普遍级(普级)，一般观众皆可观赏；保护级(护级)，未满六岁之儿童不得观赏，六岁以上未满十二岁之儿童须由父母、师长或成年亲友陪伴辅导观赏；辅导级(辅级)，未满十二岁之儿童不得观赏，十二岁以上未满十八岁之少年须由父母或师长注意辅导观赏；限制级(限级)，未满十八岁之儿童及青少年不得观赏。

4. 关于中国大陆电影分级制度的讨论

对于中国大陆是否应该实行电影分级制度这一议题的讨论，国内主要有两种不同声音：一是中国大陆应该实行电影分级制度，有利于电影行业的良性发展，为影片创作者提供良好的创作环境；满足观众对于不同类型电影的需求，同时在一定程度上缓解盗版现象。二是不应该实行电影分级制度，认为这会助长电影行业的不良风气，大众的喜好参差不齐，影片的创作者可能会为了迎合大众口味而创作出低俗电影。

(三)案例分析

公共政策的制定是基于一定的公共政策问题，同时也要具有一定的可行性。不同地区实行的电影分级制度是依据不同政策环境所制定的规范，在执行过程中也遇到一些挑战和问题，且许多问题不是单个地区存在，而是具有普遍性。各地需要结合本地区的情况，因地制宜地采取行之有效的措施。

（四）案例讨论

1. 试讨论美国、中国香港和中国台湾现行的电影分级制度是否存在弊端？

2. 你认为中国大陆现在是否应该实行电影分级制度，为什么？

3. 如果在中国大陆实行电影分级制度，可以通过哪种有效方式避免影片低俗化？

（五）主要参阅资料及推荐读物

1. 刘毅：《电影审查或电影分级？——中美比较法视野的研究》，《政法论坛》，2018 年第 5 期。

2. 杨环：《论电影分级制度的设置》，《电影文学》，2017 年第 4 期。

3. 侯云杰：《论中国现行电影审查制度的弊端和出路》，《电影文学》，2015 年第 5 期。

案例三：地铁禁食相关规定

（一）案例梗概

地铁已经成为当前城市居民主要使用的交通工具。由于地铁的空间较为狭隘，通风设备能力有限，不少人支持在地铁禁食，认为在车厢中吃味道大的食品，是对周围人的不尊重，应该坚决制止。近期频发的地铁进食案例成为网络热议，对如何规范地铁饮食问题，各地出台了一些相关的规定。

（二）案例正文

2018 年 12 月 12 日下午，北京一名男子上了地铁后，便打开一盒麻辣小龙虾，戴上手套自顾自地吃了起来，并将吃剩的龙虾壳弃置在车厢内。其间，一名巡逻的保安试图劝阻，但男子并没有理会，反而变本加厉地将龙虾壳直接吐了出来。随后，保洁人员也来到男子身旁，从男子脚底下将垃圾扫出，但男子仍然没有停止这种行为，还换了个新手套，将手套也扔到了地上。男子的恶劣行径在网上被曝光后，立即引发了网友的激烈讨论。12 月 21 日晚间，北京警方通报称，涉案男子梅某因寻衅滋事行为已被北京警方依法行政拘留。近年来，关于车厢内饮食影响他人的案例屡见不鲜。2019年4月，上海8号线上有人吃凉皮，导致满车厢的大蒜味；6月在上海轨交13号线上，一名身穿黄色短袖上衣的男子左手捧着西瓜，右手拿着调羹，若无其事地在车厢内吃瓜，还将西瓜籽随意吐在车厢地面上。除此之外，还有乘客在车厢内嗑瓜子、吃花生、啃鸡爪，更有甚者在地铁上吃榴莲、韭菜饼等有异味的水果和食物，让同车乘客备感无奈。

车厢内饮食会导致一系列的问题。饮料水果等食物残渣掉落在地上，会使路面打滑，增大乘客的危险性；列车在行驶中，一旦处在乘客拥挤的状态下，饮食者若被挤撞或列车急停，液态食物很容易沾染到别的乘客身上；被遗弃在轨道和垃圾桶里的食物，还会招来老鼠和蟑螂，给地铁运行带来安全隐患；车厢内本就是一个密闭的环境，而在这种密闭的环境中各种食物的味道混合在一起，污染了地铁里的空气；产生大量的食品垃圾，增加清运费用。

各地地铁禁食令的相关政策：

北京，违反地铁禁食将影响个人信用。2009年7月10日，北京市地铁运营公司新闻地铁发言人透露，暂不考虑在运营的8条地铁线上推广“禁食”。如果9月底开始运营的4号线“禁食”措施效果好，今后可能在其他8条地铁线上推广。北京市人大法制委员会相关负责人表示，“地铁禁食”可在乘客守则里做出规定，而不作为硬性规定。2019年5月15日，北京市交通委表示，地铁“禁食”规定即日起正式实施。对不文明乘车行为劝阻制止不听的，地铁运营单位有权拒绝提供乘车服务，并报告公安和交通执法部门，北京市交通执法部门将记录个人信用不良信息，公安机关依法进行处理。

南京，禁食令出台后遭到网民质疑。2008年11月26日，南京规定2009年起在地铁内饮食将被罚款。2008年12月3日南京地铁禁食新规遭网友质疑，称运营方无执法权。2008年12月30日 南京取消地铁“禁食令”条款。

上海，从道德约束到违者罚款。2008年11月28日，南京地铁向乘客下“禁食令”后，一时间引起了沪上地铁族关注。上海地铁提倡不在车厢内吃刺激味浓的食品，但不会强制执行“禁食令”，运营方表示，文明乘车需要靠广大乘客自觉遵守，地铁运营方并没有执法权，所以只能以倡导为主，不能强制执行。地铁禁食的问题还是需要广大乘客用道德来约束。2013年9月，上海市十四届人大常委会第七次会议审议的《上海市轨道交通管理条例(修订草案)》(修改稿)中首次出现了禁止在车厢饮食的规定。这也意味着上海有望首次通过立法明确地铁车厢"禁食令"。按照修订草案修改稿，"车厢内饮食"与吸烟、随地吐痰、便溺等行为一同被列入禁止行为。违反者将"由轨交企业责令改正，处警告或者50元以上500元以下罚款"。上海地铁"禁食令"最终未被写入新修订的《上海市轨道交通管理条例》，却出现在2013年12月16日起公开征求意见的新版《上海市轨道交通乘客守则》中。

西安，努力争取地铁禁食的立法。2011年2月21日，西安市政府常务会议原则通过由市法制办会同市地铁办起草的《西安市城市轨道交通条例(草案)》，报送市人大常委会进入相关立法程序。这份草案在征求市民意见时，曾讨论地铁内是否可以吃东西。有市民表示，不同的食物散发出不同的气味，可能会影响狭小空间内的空气质量。也有市民提出，为什么不能设置一个吃东西区？对于这个问题，草案第四十四条规定，禁止包括在车站或者其他城市轨道交通设施内吸烟、吐口香糖、乱扔废弃物、在车厢内饮食等行为。该草案送交西安市人大常委会审议，报请省人大常委会批准后才能颁布实施。西安地铁2号线将于2011年9月通车，西安市力争在首条地铁通车前，完成立法，为西安地铁安全运营提供法律保障。

欧美一些国家的地铁也有类似法规。美国的纽约和华盛顿、比利时的布鲁塞尔等城市都明令禁止在地铁里吃喝。在意大利的佛罗伦萨，即使在教堂或者公共建筑附近吃东西也将被重罚。当然，也有欧洲城市不在地铁禁食，例如伦敦、布拉格等。美国：规范不一，但惩罚力度大。首都华盛顿市有着非常严格的禁食令，地铁管理规定中明确禁止吃喝，违者可能面临地铁警方的逮捕。美国佛罗里达州杰克森威尔的禁食令稍微人性化些，出于健康需要，一些乘客的进食是被允许的，但饮料要使用符合地铁方规定的容器盛装。对于喝饮料的规定，美国各地比较宽松，但普遍禁止含酒精饮料，纽约市的地铁、长岛地铁甚至连接外州的短途列车都有此禁令。华盛顿州斯波坎市的地铁允许携带和喝饮料，但是饮料的容器必须密封，或有防漏设计。虽然美国各地地铁行为规范并不完全相同，但对违反者的惩罚一般都很严——轻者通常会被口头警告或驱离、罚款，重者甚至会被逮捕、拘留，或是被判社区服务等等。俄罗斯：地铁禁食依靠群众自觉。莫斯科地铁是世界公认的"地下宫殿"。它能够历经近80年仍然保持整洁与美观，跟政府的大力保护、百姓的文明意识密切相关。莫斯科颁布过多版本的地铁法规，但都没有明令禁止在地铁上吃东西。根据2008年的最新法规，其仅对"开过封的饮料和冰淇淋"下了"逐客令"。此外，圣彼得堡等地的地铁法规与莫斯科的基本一致。然而，即便法规没有规定，俄罗斯人也早已把不能在车厢上吃东西视作"潜规则”。巴黎：地铁禁食依靠宣传与群众意识。在法国，巴黎地铁站里曾张贴了一系列平面广告抨击不文明行为：啃着汉堡、乱丢食物的主角顶了一个野猪脑袋。德国：出台禁酒令。汉堡市公共交通协会2011年出台“禁酒令”，乘客乘坐巴士、地铁及轻轨等交通工具时，没有打开的葡萄酒、啤酒等酒类可以带上车，喝过酒的乘客也可上车，可车辆行驶过程中禁止喝酒，违者将被罚款40欧元。

（三）案例分析

随着越来越多的城市进入地铁时代，市民的出行得到了极大的便利，但随之而来的是各类地铁不文明的现象，极大地影响了市民的出行体验。从各地的政策来看：一是政策主体。南京地铁运营方试图推广的禁食令遭到了网友们的反对，被认为其不具有相关权力，因而被迫撤销禁食令。运营方对于地铁禁食令的政策只能通过工作人员劝导、开展公益宣传活动的方式来进行补充或辅助，如本案例中北京地铁工作人员的劝导行为、上海地铁对禁食的呼吁以及巴黎在地铁站中对地铁禁食的相关宣传。政府的相关部门在这个过程中发挥着更重要的作用。例如，上海市通过人大常委会将“地铁禁食”写入相关条例，北京交通委、公安机关、交通部门执法部联动规范地铁饮食行为，西安市政府常务会议原则通过由市法制办会同市地铁办起草的《西安市城市轨道交通条例(草案)》，报送市人大常委会进入相关立法程序，美国很多地方政府都出台了禁食令，德国汉堡市由公共交通协会出台“禁酒令”。二是政策处罚(或规范)方式。处罚(或规范)方式主要有两种。(1)行政处罚。这是关于地铁饮食最常见的处罚方式，采用的城市包括上海、北京、俄罗斯各城市、德国汉堡、美国各城市，行政处罚方式包括记录不良信用、口头警告、驱离、罚款、逮捕、拘留、社区服务等多种方式，其中，行政处罚又以罚款的方式居多。(2)宣传引导。这种方式多体现为以巴黎、莫斯科地铁为代表的禁食海报以及我国诸多城市以往采用的语音提示。这种方式对于市民的社会传统、基本素质的要求相对较高。

在禁食令的政策上，处罚分寸分为处罚物品与处罚力度两个方面，处罚物品究竟是一刀切还是分类对待？我国大部分城市包括北京、南京、上海、西安各城市的禁食令针对的是所有的在地铁上饮食的行为或者对禁止食用的食物没有给出详尽的范围；而欧美国家城市只针对个别食物，尤其是对酒精类食物加以禁止，例如莫斯科地铁曾对开过封的饮料和冰淇淋进行限制，美国佛罗里达州杰克森威尔的禁食令稍微人性化些，一些乘客的进食是被允许的，但饮料要使用符合地铁方规定的容器盛装。对于喝饮料的规定，美国各地比较宽松，但普遍禁止含酒精饮料，纽约市的地铁、长岛地铁甚至连接外州的短途列车都有此禁令。华盛顿州斯波坎市的地铁允许携带和喝饮料，但是饮料的容器必须密封，或有防漏设计，德国汉堡仅对车辆行驶过程中喝酒的人进行处罚，因为欧洲人普遍认为在地铁里饮酒比吃汉堡、薯片更加恶劣。

此外，处罚力度如何选择。以最常见的罚款方式而言，《上海市轨道交通乘客守则》规定车厢内饮食者处警告或者 50 元以上 500 元以下罚款。德国汉堡市公共交通协会 2011 年出台的“禁酒令”规定车辆行驶过程中禁止喝酒，违者将被罚款 40 欧元(约合 310 元)。北京地铁所采用的记录个人信用不良信息的方式相较而言也是一种力度比较大的处罚方式，因为个人信用不良记录较难消除，到达一定程度后对出行、借贷都会带来极大的困扰。美国对于禁食令违反者的惩罚分为多个层次，轻者通常会被口头警告或驱离、罚款，重者甚至会被逮捕、拘留，或是被判社区服务等等。

(四)案例讨论

1. 你认为禁食令的主体应该是谁?
2. 你认为禁食令的处罚方式如何选择和把握?
3. 为什么禁食令会遭到部分市民的反对?
4. 你认为是否有更好的处罚或规范地铁饮食的办法?
5. “地铁禁食”在我国没有形成统一的条例的原因是什么?

(五)主要参阅资料及推荐读物

1. 涂晓芳:《比较公共政策》，北京航空航天大学出版社，2011 年版。
2. 王梅:《地铁禁食：分寸该如何把握?》，《城市公用事业》，2014 年第 2 期。

案例四：垃圾分类政策

(一)案例梗概

2019 年 3 月，上海市政府发布《关于建立完善本市生活垃圾全程分类体系的实施方案》，提出 2020 年将建成生活垃圾全程分类体系，并在居住区普遍推行生活垃圾分类制度。同时，可以借鉴国外相关经验不断完善执行措施。

（二）案例正文

2019 年 1 月 31 日，上海市十五届人大二次会议表决通过《上海市生活垃圾管理条例》（以下简称《条例》），于 7 月 1 日正式开始实施。距离《条例》正式实施前两周时间，6 月 14 日，上海市城管执法局召开生活垃圾分类执法工作现场推进会。6 月底前，完成对全市 1.2 万余个居住小区的指导服务，7 月预计重点加强收集和运输环节的执法检查，对全市 230 家生活垃圾收运企业进行执法检查，指导监督收运企业规范作业，避免出现混装混运等违法现象。8 月，预计重点加强处置环节的执法检查，重点对全市 20 家生活垃圾中转和末端处置企业进行监督检查，指导企业规范处置生活垃圾。《条例》实施首日，上海市各级城管执法部门对 1588 个小区、406 个企事业单位、1853 个商家、21 家酒店等进行了检查，共开出 623 张整改单。按照国务院在部分城市先行开展生活垃圾强制分类的要求，上海市将于 2020 年底前实现生活垃圾强制分类管理。

上海制订了三年行动计划。一是，用三年减少 15%的干垃圾。2018 年确保所有企事业单位全面实行生活垃圾分类投放，并在静安、长宁、杨浦、松江、奉贤、崇明等 6 个区和其余各区 2 个街道（镇）率先实现居民家庭“一严禁、两分类、一鼓励”，即，严禁有害垃圾混入其他生活垃圾，日常干湿两分类，鼓励资源回收。2019 年，在之前 6 个区实现垃圾分类全覆盖的基础上，黄浦、徐汇、普陀、闵行、嘉定、金山等 6 个区实现全覆盖。此外，浦东、虹口、宝山、青浦等 4 个区 50%以上的街道（镇）实现垃圾分类全覆盖。全市 70%以上的居住区垃圾分类实际效果要达标。二是，不同垃圾车靠“制服”区分。2018 年，上海开始显著增强垃圾车的“辨识度”，方便老百姓监督垃圾车是否专车专用，将张贴 3000 余辆干垃圾车辆的识别标志；新增 16 辆有害垃圾专用运输机动车；色彩喷涂 400 余辆湿垃圾专用收运车辆，全市湿垃圾专用收运车辆达 640 辆。2019 年，全市湿垃圾专用收运车辆将达 780 辆；2020 年，达 920 辆。三年行动计划明确，上海将重构可回收物专项收运系统，落实再生资源回收“点、站、场”布局：2018 年，全市建成 2000 个回收网点、109 座中转站和 10 个集散场；2019 年，建成 5000 个回收网点、170 座中转站；2020 年，建成 8000 个回收网点和 210 座中转站。三是，垃圾分类教育进中小学。将利用物联网、互联网等技术，建立市、区、街镇三级生活垃圾全程分类监管系统，加大对基层各环节分类不到位的管理力度。同时开展《上海市生活垃圾管理条例》立法工作，建立多部门协同执法机制，组织开展对全程分类的执法检查，并将垃圾分类纳入政府绩效管理的重要指标和作业企业诚信管理的重要内容。上海制定生活垃圾分类投放点和垃圾箱房建设标准，通过让垃圾投放点变得干净、整洁、规则明确，来吸引更多市民做好垃圾分类，并由居委或楼组干部“百分百入户”宣传、定时定点指导监督。此外，上海将推动垃圾分类知识“进机关、进校园、进课堂”，重点深入开展中小学垃圾分类教育，从娃娃抓起。一些垃圾分类典型示范居住区的做法，将频繁推广。

借鉴国外垃圾分类政策。

一是，日本的垃圾分类政策。日本的垃圾管理是一个循序渐进的发展过程，其垃圾管理体制经历了末端处理、源头治理向资源循环的转变。在这一发展过程中，从最初政府被动式的、自上而下的管理体制逐步转变为以日本公民、社会团体、非政府组织、企业等社会主体协同治理的体制，各社会主体发挥着越来越重要的作用。日本实施了有效的扶持与激励政策，通过财政预算、税收优惠政策、政府奖励政策、产业倾斜政策和各类基金等经济措施扶持垃圾分类事业和环保科技。对发展循环经济有成就的企业，日本政府给予税收方面的优惠政策。与此同时，日本采取了一系列经济政策以促进循环经济的发展，生态工业园区补偿金制度是其中的典型。政府自身也作为消费者，采取绿色采购行动，带头采购再生环保产品。各地方政府推出各种调控、激励垃圾减量排放和垃圾分类的政策措施，充分调动了市民的积极性。

二是，德国垃圾分类政策。德国的生活垃圾管理有一整套完备的法律作为保障。德国有关垃圾管理的相关法律有800多项，相关行政条例5000多项，涉及垃圾分类管理的方方面面，且根据实施的具体情况不断更新完善。德国生活垃圾处理实行三级管理，即设立三个层次的主管机构。最高级为德国联邦政府和联邦环境保护部，主要负责宏观层面的法律制定和配合欧盟开发长期战略方案等等；中间级为德国联邦州政府和联邦州环境保护部，主要负责辖区内的垃圾管理、监督工作；最基层为各区政府所辖的城市，主要负责日常生活垃圾的收集、运输、处理，直接与市民打交道。各层级互不干涉、各司其职、责权明确，确保垃圾分类的有序进行。垃圾分类一般包括三个环节，即垃圾分类、垃圾回收、垃圾处理，德国在此之前加入“源头控制”环节，实现了垃圾的减量化处理；在垃圾处理之前加入“资源化再利用”环节，实现了垃圾的资源化处理，最终形成五环相扣的“垃圾循环链”。完整的垃圾处理循环链保证了垃圾分类处理的科学性、严谨性、环保性，真正实现了“垃圾不落地、垃圾全利用”。另外，德国生活垃圾处理与较高的国民素质和全方位的宣传教育密不可分。德国小学教育设置专门的垃圾分类课程，帮助小学生了解垃圾分类知识；社会上垃圾分类的相关宣传和教育更是渗透到各个层面，民间力量主动参与其中，形成了相互监督、相互鼓励的社会氛围。市场机制被引入到垃圾分类处理行业，并逐步形成了良性竞争的垃圾分类处理市场。德国政府对其设立多种优惠政策，其中包括发放补贴金，提供低息贷款，减免各种税负等等。设立严格的行业监督机制，保证企业的有序发展、良性竞争。

(三)案例分析

随着城市人口的快速增长与经济社会的发展，城市生活垃圾的数量和种类急剧增加，城市垃圾处理工作面临严峻挑战。如何通过垃圾分类管理，最大限度实现资源利用，减少垃圾处置量，改善生存环境质量是当今世界各国共同关注的问题。从上海实施的垃圾分类看，问题还比较集中，如对于烦琐的分类标准的辨识、居民认知的提升、政府职责与监管明晰等。日本和德国的垃圾分类工作有很多成熟的经验值得我们学习。

(四)案例讨论

1. 日本和德国的垃圾分类政策，对我国的垃圾分类工作有什么启示?
2. 试析上海垃圾分类措施中还有哪些需要完善的地方?

(五)案例主要参阅资料及推荐读物

1. 吕维霞、杜娟:《日本垃圾分类管理经验及其对中国的启示》,《华中师范大学学报》(人文社会科学版),2016 年第 1 期。

2. 熊振华、赵明曦、李波、封雪:《德国生活垃圾分类经验及对中国垃圾分类工作的建议》,《世界环境》,2018 年第 5 期。

3.《垃圾分类立法，将习惯纳入法治轨道》,《钱江晚报》,2019 年 6 月 27 日。

公共政策过程篇

第五章　政策问题形成及认定

★需理解的知识点及案例分析目标

理解公共政策问题的内涵、类型及特点等，掌握公共政策问题确认的主体和政策议程认定的过程和规律。应用相关知识理解现实中哪些问题属于公共政策问题，并且如何上升到政府层面，从而促进一系列公共政策的产生。

第一节　内容概要

一、公共政策问题概述

任何公共政策的制定都是为了解决特定的问题。“问题”是公共政策的起点，人类社会面临的问题成千上万，并不是所有的社会问题都会进入政策制定者的考虑范围之内，更不是政策制定者意识到这些公共问题就立即去制定相应的公共政策予以解决。社会问题只有转化为政策问题，才有得到解决的可能性。当相当一部分人遇到同一个问题，并且彼此意识到这一点，进而认为社会规范出现问题的时候，就不再是私人问题，而是社会问题了。当问题超出了当事人、其影响波及不直接相关的群体时，引起社会公众的普遍关注，基于价值观念和切身利益的考虑，公众开始提出以解决该问题为目的的公意性诉求时，问题就转化成公共问题了。

(一)公共政策问题的界定

关于公共政策问题的定义，学术界有不同的论述。如，安德森认为：从政策意图的角度来看，政策问题可以被定义为某种条件或环境。这种条件和环境引起社会上某一部分人的需要或不满足，并为此寻求援助或补偿。[①] 张

① (美)詹姆斯·E. 安德森：《公共决策》，唐亮译，华夏出版社，1990年版，第65—66页。

金马认为："政策问题是尚未被实现的社会价值或需求，而这些需求或价值能够通过公共活动来加以实现。""公共问题、社会问题只有当通过个体与集团的行动向政府有关部门提出，而且该问题又属于该部门的权限，政府又试图采取干预的手段去解决时，才会把它们列入政府议程，此时的问题就成为政策问题。政策问题的起因是由于人们的价值观、利益与现实冲突而产生的挫折与不满足感。"

从以上不同的界定可以看出，社会问题只有当相关利益的个人或集团提出来，要求政府采取相应的手段去解决时，才会被列入政府议程，成为公共政策问题。综合以上的定义，公共政策问题是指，统治集团或社会大多数人感觉到现实中出现的某种情况与他们的利益、期望、价值和规范有相当严重的矛盾和冲突，进而通过团体或组织活动要求有关社会公共组织和政府采取行动加以解决，并被后者列入政策议程的社会问题或公共问题。

公共政策问题的概念可以从以下几个方面来理解：

(1)公共政策问题的客观性。一是，任何公共政策问题都是客观存在的，不是人们主观臆想或猜测而从头脑中产生出来的。如果没有事先已经发生或已经存在的问题，就不会形成公共政策问题。所以，公共政策问题并不是人们的主观想象物，而是社会的客观存在物。政策问题的产生、解决都是客观的，受制于客观物质条件的影响。二是，公共政策问题的相互关联性。任何一个公共政策问题都不是孤立存在的，不是单纯属于某一特定领域的问题或仅仅具有单方面影响的政策问题，而是整个政策问题体系中的一部分。在政策问题与政策环境之间，不同的政策问题之间以及政策问题的整体与部分之间都存在着各种各样的依存关系。一个领域的公共政策问题，往往与其他领域的政策问题相互影响，相互联系，相互作用。三是，公共政策问题的层次性。政策问题构成一个相互联系的政策问题系统，系统具有层次性，所以政策问题也具有一定的层次性，或者叫层级性。不同层次的政策问题之间存在着各种各样的相互影响、相互制约的关系。四是，公共政策问题的变迁性，即动态性。人类社会是不断变化发展的，随着社会环境的变化，政策问题的界定和解决也处于不断变化之中。

(2)公共政策问题的主观性。公共政策问题虽然从根本上说是一种客观存在的状态，但是，客观存在的社会问题并不会自发地成为公共政策问题，它又和人们的认知、理解、判断、价值观念等不可分割，从而具有一定的主观性。一是，公共政策问题的认定具有人为性。公共政策问题的形成要以一些既成事实或现象或非正常的社会状态为前提条件，但这些还仅仅是政策问题形成的必要条件，而非充分条件。一种事实或现象之所以成为政策问题，更重要的还在于人们的主观认定。二是，公共政策问题受人们的利益和价值观的影响。人们对政策问题进行分析和判定，总是以一定的利益和价值取向为基础的，人们会有选择地对社会问题加以解释、确认和评析等。三是，公共政策问题受人们的知识结构、认知水平和能力的影响。由于政策问题的确认者和制定者的知识体系缺陷，或认识能力不够，或分析工具不发达，都会导致对某些问题无法科学地分析和理解，从而使政策问题带上了主观色彩。

(3)这些问题对社会上的大多数人产生了不良影响，影响到人们的各种物质利益、精神利益，与人们的价值观念、社会规范等发生冲突，引起了人们的各种挫折感和不满足感。

(4)这些问题得到社会中与之相关的个人或团体的认同，并表达出来，向政府部门传达，引起了政府部门政策制定者的注意，被列入政府的政策议程，并成为分析和研究的对象，直到给予解决。

(二)公共政策问题的类型及其内容

在一定情况下，公共政策问题并不是明显分开，而是相互关联的。首先，公共政策问题按照所属的不同领域，可以分为经济、政治、文化、外交、人口、教育问题等，针对不同领域的问题，解决方案所遵循的原则、所采取的手段等也不同。其次，按公共政策问题的确定程度可以分为常规性问题和风险性问题。常规性问题，是指政策问题所面临的情景是相当确定的，存在备选方案，在政策价值取向上容易达成共识，并且能对每个方案的执行结果进行分析和事先预测，从中进行较优的抉择；风险性问题，是指在解决此问题过程中存在着很大的风险性，政策价值目标相互冲突，许多方面具有不可预测性。再次，从作用范围看，公共政策问题可以分为全国性问题、区域性问题和地方性问题。由于各地的自然、文化、历史等各方面条件存在显著差异，除了国家整体共同面对的政策问题外，也存在各地独特的问题。因此，既存在统一性的全国政策，又存在具有差异性的区域性和地方性的政策，它们共同构成了整个国家的政策体系。此外，还有其他的分类，如，按照公共政策问题对人类的影响来划分，包括影响人类身心健康方面的问题，如食品卫生质量问题等；影响人类道德和价值观念的问题；影响人类经济利益和机会平等方面的问题等。

二、公共政策问题的确认

从某种程度上说，确认问题是解决问题的一半，它为具体的政策制定过程奠定了一个良好的基础。

（一）确认政策问题的主体

首先，公共政策问题并不是由单一主体来确认的，而是由多方主体来认定的。最主要、最经常的确认公共政策问题的主体是政府部门。政府部门常常会基于对某些社会问题的认知和分析以及对现行政策的分析和研究，来确认公共政策问题。其次，政治领袖。通常是指通过法定的途径占据国家或各种政党或政治组织高层权力地位的政治领导人物。再次，利益集团和社会团体。社会中各种各样的利益集团和社会团体都会从他们自身的利益标准和利益追求出发，向政府和有关公共组织提出公共政策问题，并采取游说、宣传、捐款等方式，争取政府将对他们有利的问题纳入政策议程，并阻止有损自身利益的政策。此外，还包括各类政策研究组织、专业化的工作机构，按照他们的价值观、职业道德规范等，对发现的社会问题进行评价和分析，进而做出确认报告；社会公众、大众传媒，是社会发展的支撑和推动力量。在确认公共政策问题的过程中，这些主体并不是孤立地、单独地行动，每一种社会主体在确认政策问题时都会或多或少地与其他的社会主体发生联系，或是利益冲突，或是确认问题过程中的相互支持。

（二）政策问题确认的条件

一是，客观情势的存在。存在一种可以确认的客观情势，并且经过主观的判定，才能确认为政策问题。二是，发出强烈的公众诉求。当某种客观事实持续存在，甚至出现扩大或趋于严重的时候，社会公众的政策诉求随之持续存在且趋于强烈。三是，问题的影响程度深，影响范围广。四是，属于政府及其有关政策部门职权范围内的问题。五是，形成明显的政策需要。当现实的某些社会问题或公共问题到了非解决不可的程度，从政府及有关部门的角度来说，就已经形成了明显的政策需要。如果这些问题不解决，就会构成对政府履行职责的能力以及政府合法性的严重挑战，面临着严重危机。

（三）确认政策问题的过程及方法

由社会问题到政策问题并不是一个简单过程，而是经历了一个对客观事实和社会问题的感性认识上升到理性认识的过程。这一过程可分为前后相接、相互关联的四个阶段：问题察觉、问题描述、问题分析、问题界定四个阶段。问题察觉，是指某一社会现象或问题被不同社会主体发觉，进而反映到政府有关部门并引起关注的一个过程；问题描述，对问题和现象进行客观如实的陈述；问题分析，对前一阶段描述的问题和相关资料进行分析，进而判定能否成为政策问题的过程；问题界定，对判断为政策问题的那些问题给以特定的解释，为以后制定公共政策来解决这些问题提供基础和前提。在政策问题确认的过程中，须采用一定的方法或必要的分析工具，国内外学术界论及的相关方法很多，主要有边界分析法、多角度分析法、类比分析法、头脑风暴法等。

三、公共政策议程

由公共政策问题的确认到正式启动制定公共政策，中间还要经过一个阶段，那就是把政策问题列入政府的政策议程。国内外不同学者对公共政策议程的界定有不同的看法。美国学者安德森认为："在人们向政府提出的成千上万个要求中，只有其中的一小部分得到了公共决策者的密切关注。那些被决策者选中或决策者感到必须对之采取行动的要求构成了政策日程。"我国学者张金马认为："所谓政策议程就是将政策问题纳入政治或政策机构的行动计划的过程，它提供了一条政策问题进入政策过程的渠道和一些需要给予考虑的事项。"

公共政策议程的确立是一个从启动到议决的一系列相互关联的动态过程。客观存在的问题是启动公共政策议程的源泉和动力。政策议程的议决，是指政府有关政策部门和机构，根据自身的价值观或立场，结合对公众心理需求的分析，在无限多样的社会问题中遴选出其中的一部分，作为制定公共政策解决的对象。

对于确认的公共政策问题，要被提上议事日程，并不是一个自然而然的或自发的过程，需要具备一定条件，并且还要通过合理、合法的途径。综合有关学者的观点，政策议程的确立突出强调几个条件：事件或问题必须明朗而严重；要有政治权威领导人及专家学者的预测性发动；要有正常、民主和开放的察觉机制和过程。

美国学者科伯以政策问题的提出者在议程中的不同作用，以及扩散其影响力的范围、方向和程序，提出了建立政策议程的三种类型：一是，外在创始模式。政策诉求由政府公共系统之外的个人或相关社会团体提出，并经过一定的渠道使之进入政府议程。二是，内在创始模式。政策诉求源于政府公共系统内部的工作人员或具体部门，他们设法直接把政策问题列入政策议程。三是，政治动员模式。指具有权威作用的政治领袖主动提出政策意向，并通过动员使这些问题进入政策议程。这是因为决策者需要得到公众的支持和理解，为了执行某些政策，需要进行社会的动员。

政策议程的触发机制。作为公共政策的催化剂，其作用的发挥源于三个影响因素的互动：范围、强度和时间。范围指受触发机制影响的人员数量和地区规模；强度，是指公众的态度反映；时间，指触发机制产生的时间，分为瞬间机制和持续机制。触发机制可分为内在触发机制和外在触发机制两种类型。前者包括自然灾害、经济灾难、技术突破、生态变迁、社会变迁等；后者包括战争行动、地区与国际冲突、经济对抗、新式武器与力量失衡等。①

第二节　案例分析

案例一：高铁霸座事件

（一）案例梗概

2018 年 8 月 21 日，济南开往北京的高铁上，一名男子强占他人座位并无视乘务员的劝阻，经网友爆出后引发全国人民的愤慨。这一事件也成为引爆社交媒体讨论高铁“霸座”现象的导火索。随后多地相继爆出高铁“霸座”、出行“霸座”等不文明行为，“霸座”现象成为整治公共领域文明建设的重大议题。济南铁路局表示，强行霸占其他乘客座位的行为属于扰乱公共秩序，乘警可对其采取强制措施。国家公共信用中心公布新增因严重失信行为而限制乘坐火车的严重失信人员名单。

（二）案例正文

2018 年 8 月 21 日上午，在从济南西站开往北京南站的 G334 次列车上，一名男乘客霸占别人的靠窗座位，不愿坐回自己的座位。当事女乘客叫来列车长后，该男乘客自称“站不起来”。列车长问其是否身体不舒服或者喝了

① 谢明主编：《公共政策概论》，人民出版社，2007 年版，第 178－181 页。

酒，对方回答："没喝酒。"列车长问："没喝酒为什么站不起来?"对方称："不知道。"并表示到站下车也站不起来，需要乘务员帮助找轮椅。他拒绝坐回自己的座位，并称让女乘客要么站着，要么坐他的座位，要么去餐车。座位被占的女乘客是一名刚毕业的女生，从济南西站上车，而当事男乘客自己的座位与该座位仅隔着一两排。最后，列车长和乘警劝导男乘客无果，女乘客被安排到商务车厢的座位，直到终点。视频一经传到网络上，立即引起众多网友对男乘客行为的愤怒情绪，纷纷呼吁铁路部门应将其纳入黑名单，限制其乘坐火车。8 月 24 日，高铁"霸座"男孙某被处治安罚款 200 元，并在一定期限内被限制购票乘坐火车。

济南铁路局回应强行占座是属于扰乱公共秩序的行为，对此，铁路局有相应的处理办法和处罚制度。列车上都会配有列车员和乘警，如果有人强行占座不让，会先对当事人进行劝说，在劝说无果的情况下，乘警会对占座的人员采取强制措施，保障乘客的应有权益。中国铁路总局表示会根据《铁路旅客信用管理办法》对当事乘客进行处罚。有专家认为，治理不文明乘车行为需建立综合的保障体系，包括现场处罚和社会信用制度。每一位乘客买了车票就应享有相应的合法权益，而男乘客的占座行为已侵犯了其他乘客的正当权益，经劝解无果应对其采取强制手段。如果现场处置难以控制局面，需要用延伸手段辅助，比如将其拉入黑名单，控制其乘坐火车。《法制日报》发表文章认为，对号入座是乘坐高铁等交通工具的基本规则，这既可保障购票乘客的应有权益，也有利于维护交通出行秩序。乘客可以自行协调调换座位，不过必须征得对方的同意。而在这一事件中，男乘客先是抢占了女乘客的座位，在女乘客明确表示不愿调换座位时，仍拒绝让出座位。在女乘客找到乘务员反映后，先是列车长出面和男乘客进行沟通，然后又找来乘警进行劝说，却始终无果。霸占他人座位固然是不对的，但由于相关规定对于违反对号入座没有具体处罚措施，高铁工作人员只能以劝导为主，没有更有效的办法。尽管男乘客的做法遭到其他乘客的指责，相关视频发到网上后也引来网友批评，但单纯的舆论谴责，并不一定能让当事人产生羞愧感，从而自觉约束行为。

从相关法律规定来看，列车上配有列车员和乘警，如果有人强行占座不让，会先对当事人进行劝说，在劝说无果的情况下，乘警会对占座的人员采取强制措施，保障乘客的应有权益。中国铁路总公司制定的《铁路旅客信用记录管理办法(试行)》即"铁路黑名单制度"从 2017 年 1 月开始实施。依据该办法，有七种行为在按有关规定进行处置后，铁路部门还将记录当事人个人身份信息，纳入铁路旅客信用信息记录管理，一旦生效将被限制乘坐火车。包括：扰乱铁路站车运输秩序且危及铁路安全、造成严重社会不良影响；在动车组列车上吸烟或者在其他列车的禁烟区域吸烟；倒卖车票、制贩假票，冒用优惠(待)身份证件、使用伪造和无效优惠(待)身份证件购票乘车；持伪造、过期等无效车票或冒用挂失补车票乘车；无票乘车、越站(席)乘车且拒不补票，依据相关法律、法规应予以行政处罚的行为等。《办法》列出的七种行为并未包括强占座位。

近年来，乘客扒车门、迟到闹事、高铁抽烟等不文明乘车行为屡屡引发关注。2018 年 1 月 5 日，G1747 次列车由蚌埠南开往广州南站在合肥站停站上客时，一名带着孩子的女乘客以等老公为由，用身体强行扒阻车门关闭，造成该列车延迟发车。事后，该女乘客因涉嫌“非法拦截列车、阻断铁路运输”，被公安机关责令认错改正，并处以 2000 元罚款。2018 年 5 月 1 日，一名男乘客要乘坐杨陵南站开往兰州西站的列车，但由于自己迟到无法进站乘车，该男乘客跳过护栏闯进站内大闹，并与车站工作人员发生撕扯，导致工作人员左前臂扭伤。最终，该男乘客被行政拘留 7 日，并被铁路部门纳入失信人员黑名单，180 天内禁止其坐火车。根据规定，各铁路运输企业会在中国铁路客户服务中心(12306)网站、“信用中国”网站发布限制购买车票人员名单的相关信息。2018 年 6 月 2 日，首批限制乘坐火车、飞机名单在“信用中国”网站公示，共有 169 人被列入“黑名单”，其中铁路提供 31 人。经相关铁路站车工作人员收集证据，报相关铁路运输企业审核、认定的有 21 人，主要是存在动车组列车上抽烟、无票乘车、越站(席)乘车且拒不补票等失信行为的人员；被公安机关予以行政处罚或立为刑事案件而纳入惩戒名单的有 10 人，主要是存在倒卖车票、冒用优惠(待)身份证件、扰乱铁路站车运输秩序且危及铁路安全、造成严重社会不良影响等行为的人员。2018 年 7 月，第二批“黑名单”也已公布，铁路总公司提供 77 人，主要涉及在动车组列车上吸烟或者在其他列车的禁烟区域吸烟，无票乘车、越站(席)乘车且拒不补票等。

各地陆续出台一系列应对政策。如，广东省人大常委会发布公告称，《广东省铁路安全管理条例》已由广东省第十三届人民代表大会常务委员会第五次会议于 2018 年 9 月 30 日通过，自 2018 年 12 月 1 日起施行。其中明确，旅客应当按照车票载明的座位乘车，不得强占他人座位。条例第三十四条规定，铁路运输企业应当按照国家有关规定实行车票实名购买、查验制度，并公开纸质、电子车票的使用规则。无有效车票、车票所记载身份信息与本人真实身份信息不符的，铁路运输企业有权拒绝其进站乘车。旅客应当按照车票载明的座位乘车，不得强占他人座位。该条例明确，铁路运输企业应当按照规定建立健全铁路旅客信用信息管理制度，对扰乱铁路站车运输秩序且危及铁路安全、造成严重社会不良影响，以及严重违反铁路运输企业安全管理规章制度的失信行为进行记录，并按照规定推送全国和地方信用信息共享平台。有关部门和铁路运输企业应当依法对失信行为实施联合惩戒。另外，条例中明确了四种危害铁路安全的行为：围堵列车、阻碍发车，或者采取强行登乘、拒绝下车等方式影响列车运行；在铁路线路上放置、遗弃障碍物或者在铁路线路上飞行无人驾驶航空器；向运行中的列车抛掷影响行车安全的物品；在禁止吸烟的列车上、列车的禁烟区域内吸烟或者能够产生烟雾的香烟替代品及法律法规规定的其他禁止行为。如若实施这些禁止行为，将由公安机关责令改正，对单位处 1 万元以上 5 万元以下的罚款，对个人处 500 元以上 2000 元以下的罚款。又如，陕西省政府法制办委托第三方起草《陕西省铁路安全管理办法(草案征求意见稿)》，并开始面向社会各界征求意见。征求意见稿对涉及铁路安全管理的 13 个政府部门和企业职责进行了界定。拟定高速铁路沿线根据管理需要合理划分路段，实行双段长工作责任制。铁路运输企业和路段所在地乡(镇)人民政府、街道办事处各指定一名相关负责人作为段长，负责巡查、会商、处置及上报信息等工作。段长应当定期巡查路线，建立巡查记录和问题台账，及时排查处置影响高速铁路运输安全的问题。意见稿拟定，旅客人身及随身携带的行李物品、货物或者通过铁路运输企业托运的行李物品、货物，旅客或者托运人应当自觉接受铁路运输企业的安全检查或者开封验视，发现违禁品和管制物品应当予以扣留，并立即报告公安机关。禁止实施四类危害铁路安全的行为，即非法拦截列车、阻碍铁路运输、阻碍列车通行、阻挡列车车门关闭、车站停止检票后强行闯入或者采取强行登乘、拒绝下车等方式影响列车运行；在铁路线路上放置或者遗弃障碍物；向列车抛掷或者使用弹弓等器具发射物品；以及法律、法规规定的其他禁止行为。铁路工作人员发现有上述行为的应当立即制止，不听制止的由公安机关依法处理。

(三)案例分析

近年来，高铁由于其安全性好、正点率高、舒适方便等优点日益成为人们的出行选择，但出现了一些在高铁等公共场合扰乱秩序的现象。“高铁霸座男”事件引发了广泛的关注和讨论。在民众表达愤怒的同时，也对乘警执行能力提出了新的思考。社会问题如何被提上政策议程，在本案例中大众传媒发挥了十分重要的作用，高铁霸座由网络传播开来，引发社会舆论，推动此类问题进入政策议程。大众传媒在西方国家被视为“第四种权力”，在公共政策制定中也发挥着非常重要的作用。

（四）案例讨论

1. 本案例中，有哪些因素推动了霸座事件进入政策议程？
2. 霸座事件频发，你认为是个人道德方面的问题还是管理方面的漏洞？
3. 你如何评价对霸座男子的处理结果？
4. 你认为案例中的此类事件应选择法律约束还是道德约束？
5. 你认为在新媒体时代我们应该如何运用好网络媒体这一工具？
6. 为了避免社会上此类事件的再次发生，你有什么好的建议？

（五）案例主要参阅资料及推荐读物

1. 宁骚：《公共政策学》，高等教育出版社，2009 年版。
2.《高铁霸座事件的背后，是什么原因》，搜狐新闻，2018 年 9 月 21 日。
3.《高铁霸座男被处罚款 200 元，记入铁路征信体系》，人民网，2018 年 8 月 24 日。
4.《济南铁路公安介入调查男子高铁霸座事件，处理结果将及时公布》，凤凰网资讯，2018 年 8 月 23 日。

案例二：乐清女孩滴滴顺风车遇害案

（一）案例梗概

2018 年 8 月 24 日乐清 20 岁赵姓女孩，乘坐滴滴顺风车遇害。近年来，网约车安全事件频发，折射出企业安全管理问题及政府的监管不完善。在本案例中，事发后第二天，交通运输部联合公安部以及北京市、天津市交通运输、公安部门，对滴滴公司开展联合约谈，责令其立即对顺风车业务进行全面整改，加快推进合规划，严守安全底线，切实落实承运人安全稳定管理主体责任，此外，广东省的广州、深圳、东莞等相关部门均对滴滴进行了约谈，随后我国的相关管理部门也对滴滴车的运营做出了进一步的规定，陆续出台了一些新规。

(二)案例正文

2018 年 8 月 24 日 13 时，乐清 20 岁赵姓女孩，使用滴滴顺风车，在虹桥镇乘坐滴滴顺风车前往永嘉。14 时许，赵某向朋友发送“救命”讯息后失联。16 时 22 分，被害人的朋友朱某某到永嘉县上塘派出所报案，称其朋友赵培辰 13 时许从乐清乘坐一辆顺风车出发来永嘉上塘，但是其间赵培辰电话关机失联且未到永嘉；同时朱某某称此前已与滴滴平台客服联系，客服称 1 小时内回复。民警随即通过公安信息平台查询赵培辰轨迹，并通过自己手机拨打赵培辰手机号码但显示已关机。16 时 41 分许，该所民警利用朱某某手机与滴滴客服沟通，在表明警察身份后希望向滴滴客服了解更多关于赵培辰所乘坐的顺风车车主及车辆的相关信息，滴滴客服回复称安全专家会介入，要求继续等回复。17 时 13 分许，滴滴客服向该所民警反馈称，赵培辰在 13 时许预约了顺风车后已于 14 时 10 分许将订单取消，并未上车。民警质疑上车后还可以在中途取消订单，再次提出要求了解该顺风车司机联系号码或车牌号码以便于联系，未果。17 时 32 分，报案人朱某某向民警反映情况称，其另一个朋友在微信上曾收到赵培辰发出的求救信息，该所民警即通过朱某某手机与赵培辰家人取得联系，得知其家属已在乐清当地派出所报案后，及时联系乐清当地接待民警，并表示将积极配合工作。

2018 年 8 月 24 日 18 时 13 分，乐清市公安局立即启动重大案件处置机制，抽调刑侦、刑事技术、相关派出所等警力成立专案组开展全方位寻找调查，并向温州市公安局提请支持。鉴于该滴滴司机钟元有重大作案嫌疑，市县两级公安机关立即对犯罪嫌疑人开展布控。2018 年 8 月 25 日凌晨 4 时许，在柳市镇抓获犯罪嫌疑人钟某(男，27 岁，四川人)。经初步侦查，该滴滴司机钟某交代了对赵某实施强奸，并将其杀害的犯罪事实。

2018 年 8 月 25 日下午，浙江省道路运输管理局紧急约谈滴滴平台浙江区负责人，鉴于滴滴平台顺风车业务存在重大安全隐患，浙江省道路运输管理局要求滴滴平台立即整改，整改期间暂停其在浙江区域的顺风车业务。南京市政府率市交通运输、公安、物价、工商等职能部门对滴滴、美团两家网约车平台公司进行了约谈，要求两家平台公司按照国家七部委联合发布的《网络预约出租汽车经营服务管理暂行办法》、《关于加强网络预约出租汽车行业事中事后联合监管有关工作的通知》以及南京市《网络预约出租汽车管理暂行办法》等文件规定，合法合规开展网约车经营活动。2018 年 8 月 26 日下午，交通运输部联合公安部以及北京市、天津市交通运输、公安部门，对滴滴公司开展联合约谈，责令其立即对顺风车业务进行全面整改，加快推进合规划进程，严守安全底线，切实落实承运人安全稳定管理主体责任，保障乘客出行安全和合法权益，及时向社会公布有关整改情况。2018 年 8 月 27 日，广东省的广州、深圳、东莞等相关部门均对滴滴进行了约谈。其中，广州方面强调广州市交通部门将强化与公安、市场监管等部门的执法联动，以"零容忍"的态度，对网约车非法营运和以顺风车名义从事非法营运等各类违法违章行为坚决查处。2018 年 8 月 31 日，交通运输新业态协同监管部际联席会议召开第二次会议，决定自 9 月 5 日起，在全国范围内对所有网约车顺风车平台公司开展进驻式全面检查。

（三）案例分析

网络舆情推动网约车规制政策议程。焦点事件的舆情动员与多起事件的叠加效应推动了问题的构建，加之专家学者政策倡议和网络意见领袖引导下的政策表达，政府推动了相关政策的形成。

（四）案例讨论

1. 试评述此案例中问题的严重性以及影响。
2. 结合案例思考社会问题进入政策议程的条件。
3. 你如何评价滴滴在该问题中的处置。
4. 为了更好地规范网约车服务，你的建议是什么？

（五）主要参阅资料及推荐读物

1. 陈越峰：《"互联网＋"的规制结构——以"网约车"规制为例》，《法学家》，2017 年第 1 期。

2. 马亮、李延伟：《政府如何监管共享经济：中国城市网约车政策的实证研究》，《电子政务》，2018 年第 4 期。

3. 宋心然：《中国网约车监管政策变迁研究——以倡议联盟框架为分析视角》，《中国行政管理》，2017 年第 6 期。

4. 路稳玲、魏淑艳：《互联网背景下地方政府治理创新的过程、模式及影响因素——以网约车治理为例》，《东北大学学报（社会科学版）》，2018 年第 1 期。

5. 黄扬、李伟权：《网络舆情推动下的网约车规制政策变迁逻辑——基于多源流理论的案例分析》，《情报杂志》，2018 年第 8 期。

6.《乐清女孩遇害161天，滴滴顺风车司机杀人案一审宣判死刑》，搜狐新闻，2019年2月11日。

案例三：重庆公交车坠江事件

（一）案例梗概

2018年10月28日10时8分，重庆公交司机冉某驾驶渝F27085号大型普通客车由江南新区往北滨路行驶，当车行驶至万州长江二桥桥上时突然越过中心实线失控冲破护栏坠入长江。事故原因为乘客刘某因坐过站，与公交车驾驶员冉某发生争吵和攻击，导致车辆失控坠江。

（二）案例正文

2018年10月28日凌晨5时1分，公交公司早班车驾驶员冉某（男，42岁，万州区人）离家上班，5时50分驾驶22路公交车在起始站万达广场发车，沿22路公交车路线正常行驶。9时35分，乘客刘某在龙都广场四季花城站上车，其目的地为壹号家居馆站。由于道路维修改道，22路公交车不再行经壹号家居馆站。当车行至南滨公园站时，驾驶员冉某提醒到壹号家居馆的乘客在此站下车，刘某未下车。当车继续行驶途中，刘某发现车辆已过自己的目的地站，要求下车，但该处无公交车站，驾驶员冉某未停车。10时3分32秒，刘某从座位起身走到正在驾驶的冉某右后侧，靠在冉某旁边的扶手立柱上指责冉某，冉某多次转头与刘某解释、争吵，双方争执逐步升级，并相互有攻击性语言。10时8分49秒，当车行驶至万州长江二桥距南桥头348米处时，刘某右手持手机击向冉某头部右侧，10时8分50秒，冉某右手放开方向盘还击，侧身挥拳击中刘某颈部。随后，刘某再次用手机击打冉某肩部，冉某用右手格挡并抓住刘某右上臂。10时8分51秒，冉某收回右手并用右手往左侧急打方向（车辆时速为51公里），导致车辆失控向左偏离越过中心实线，与对向正常行驶的红色小轿车（车辆时速为58公里）相撞后，冲上路沿、撞断护栏坠入江中。

事故发生后，重庆市万州区两级党委政府高度重视，紧急组织公安、海事、长航等相关部门全力搜救。重庆市消防总队50名指战员、5辆消防车、2艘冲锋舟现场开展救援。水上支队及周边支队做好增援准备。接到事故报告后，应急管理部党组书记黄明立即到部指挥中心连线指导现场救援工作，协调核实车上人数，调集救援力量组织营救，同时派出由应急管理部副部长孙华山牵头，请公安部、交通运输部等部门参加的联合工作组赶赴现场，全力指导协助地方党委和政府做好人员搜救等处置工作。应急管理部调派国家水上应急救援重庆长航队 7 名潜水员、4 名深潜队员和 1 名深潜医务人员，以及 40 吨级全旋转浮吊打捞船赶赴重庆市万州区公交车坠江事故现场，参与人员搜救等处置工作。10 月 28 日 13 时起，交通部与重庆市交通局进行视频连线，实时了解救援动态，并持续开展会商和调度指挥，指导重庆交通运输部门抓紧组织开展救援工作，督促重庆交运集团做好安全生产、人员稳定和善后处置各项工作，积极配合有关部门做好事故调查。此外，交通部印发警示通报，要求各地交通运输部门落实安全监管责任，抓紧排查安全隐患，督促企业落实安全生产主体责任，举一反三、汲取教训，采取有效措施，坚决防范遏制重特大事故发生。

10 月 28 日 17 时 49 分，平安万州微博发布事件警情通报。11 月 2 日，警方召开重庆万州公交车坠江事故原因新闻通气会。事故发生后，党中央、国务院高度重视，国家应急管理部、公安部、交通运输部派员赴渝现场指导调查处置。市、区两级党委、政府组织公安、应急、海事、消防、长航、卫生等部门组建现场指挥部，全力开展搜救打捞、现场勘查、事故调查、善后处置等工作。现场指挥部组织 70 余艘专业打捞船只，蛙人救援队、水下机器人、吊船等专业力量围绕公交车坠江水域全面开展搜救打捞工作。事发后，通过细致调查摸排，明确 15 名驾乘人员身份。同时克服水域情况复杂、水深 70 余米等实际困难，先后打捞出 13 名遇难者遗体并确认身份。精确定位坠江车辆位置，于 10 月 31 日 23 时 28 分将坠江公交车打捞上岸。善后工作正有序开展。公安机关先后调取监控录像 2300 余小时、行车记录仪录像 220 余个片断，排查事发前后过往车辆 160 余车次，调查走访现场目击证人、现场周边车辆驾乘人员、涉事车辆先期下车乘客、公交公司相关人员及涉事人员关系人 132 人。10 月 31 日凌晨 0 时 50 分，潜水人员将车载行车记录仪及 SD 卡打捞出水后，公安机关多次模拟试验，对 SD 卡数据成功恢复，提取事发前车辆内部监控视频，还原事发当时情况。

根据调查事实，乘客刘某在乘坐公交车过程中，与正在驾车行驶中的公交车驾驶员冉某发生争吵，两次持手机攻击正在驾驶的公交车驾驶员冉某，实施危害车辆行驶安全的行为，严重危害车辆行驶安全。冉某作为公交车驾驶人员，在驾驶公交车行进中，与乘客刘某发生争吵，遭遇刘某攻击后，应当认识到还击及抓扯行为会严重危害车辆行驶安全，但未采取有效措施确保行车安全，将右手放开方向盘还击刘某，后又用右手格挡刘某的攻击，并与刘某抓扯，其行为严重违反公交车驾驶人职业规定。乘客刘某和驾驶员冉某之间的互殴行为，造成车辆失控，致使车辆与对向正常行驶的小轿车撞击后坠江，造成重大人员伤亡。因此，乘客刘某和驾驶员冉某的互殴行为与危害后果具有刑法意义上的因果关系，两人的行为严重危害公共安全，已触犯《刑法》第一百一十五条之规定，涉嫌犯罪。

危害公共安全罪是一个概括性的罪名，这类犯罪侵犯的客体是公共安全，客观表现为实施了各种危害公共安全的行为，它同侵犯人身权利的杀人罪、伤害罪以及侵犯财产的贪污罪、盗窃罪等有显著的不同，危害公共安全罪包含着造成不特定的多数人伤亡或者使公私财产遭受重大损失的危险，其伤亡、损失的范围和程度往往是难以预料的。因此它是《中华人民共和国刑法》普通刑事犯罪中危害性极大的一类犯罪。《刑法》第一百一十五条：放火罪、决水罪、爆炸罪、投放危险物质罪、以危险方法危害公共安全罪之二，放火、决水、爆炸以及投放毒害性、放射性、传染病病原体等物质或者以其他危险方法致人重伤、死亡或者使公私财产遭受重大损失的，处十年以上有期徒刑、无期徒刑或者死刑。过失犯前款罪的，处三年以上七年以下有期徒刑；情节较轻的，处三年以下有期徒刑或者拘役。

由重庆公交车坠江事件所带来的各地安保政策。重庆万州公交坠江事件结果公布后，司乘纠纷和公交驾驶安全问题成为人们热议的焦点。事件发生后，重庆、江苏、陕西等多地出台政策，通过一系列措施保障公交车司机的行车安全。重庆，公交车司机配备隔离设施。11 月 4 日，重庆多部门联合召开全面加强公共交通安全稳定工作会议。重庆市将从严惩危害公共安全的各类违法犯罪行为、为车辆配备必要的安全防护设施、制定出台驾驶员突发情况处置操作规范等多方面全面加强公共交通安全稳定工作。西安，公交车驾驶室装隔离门。陕西省西安市公安局公交分局立即召开专题会议，研究部署安全防范举措，全力确保西安市公交客运安全营运。南京，驾驶室装隔离门，设司机委屈奖。为应对驾乘纠纷，江苏南京公交集团表示，到 2019 年，近 8000 辆公交车的驾驶室将全部装防护隔离门，还要求驾驶员在运营过程中对乘客做到打不还手、骂不还口；驾驶员如受了委屈，单位会给他“委屈奖”。此外，在南京的很多公交车上都配备了巡检人员，在加强安检的同时也配合驾驶员应对一些突发状况。同时，南京公交集团将加大对驾驶员的教育、培训。遇到突发事件时，要求驾驶员应及时靠边停车处理，必要时报警求助。南京公交表示，净化公交环境，需要司机乘客双方共同维护、共同营造。如果乘客发现司机有违规驾驶行为，或者服务态度方式不佳，可拨打

96155 投诉举报。

（三）案例分析

关于政策问题进入到政策议程，学者们讨论了不同模型。科珀(R. W. Cobb)根据政府在议程建立中所起的不同作用以及创始者扩散问题的程度和方向，提出外在创始模型、政治动员模型以及内在创始模型等三种模型。约翰·金登(John Kingdom)提出问题流、政策流及政治流的多源流模型。焦点事件，加之互联网媒介的传播，使得事件迅速被公众以及政府所关注；针对问题提出的各种建议，通常以法规、讲话、文件、交谈等形式出现，这一事件给全国各地的公交车安全问题敲响了警钟，各地陆续出台一些政策来保护公交车司机的人身安全，如安装隔离门、设立委屈奖等相关措施；政治流涉及政治对于问题解决方案的影响，它包括对于民族情绪、公众舆论、选举政治、利益集团等的考虑，在此案例中对于公交车司机的人身安全保护明显符合社会公众绝大部分人的利益。当问题流、政策流以及政治流汇合到一起时，“政策窗口”就会打开，政策制定者推动政策制定。

（四）案例讨论

1. 本案例中的事件属于外在创始模型、政治动员模型还是内在创始模型？
2. 本案例中的问题流主要指什么？
3. 你认为本案例中最重要的政治流因素是什么？
4. 为了避免此类事件再次发生，你有什么相关建议？

（五）主要参阅资料及推荐读物

1. 徐凌、张继：《公共政策分析》，湖南人民出版社，2004 年版。
2. 陈宇光：《集体沉默的成因及其中介机制：对重庆公交坠江事件的社会学分析》，《中国青年社会科学》，2019 年第 1 期。
3.“重庆公交坠江事件反转”，网易沸点工作室《谈心社》栏目出品，2018 年 10 月 28 日。

案例四：严湖村精准扶贫

（一）案例梗概

2013 年 11 月，习近平到湖南湘西考察时首次做出的“实事求是、因地制宜、分类指导、精准扶贫”的重要指示。2015 年 11 月 29 日，《中共中央国务院关于打赢脱贫攻坚战的决定》正式发布。作为指导当前和今后一个时期脱贫攻坚的纲要性文件，《决定》对打赢脱贫攻坚战提出了诸多实举措、硬政策。本案例主要通过江西省副省长郑为文调研上犹县社溪镇严湖村精准扶贫工作调查报告，反思精准扶贫的相关问题。

（二）案例正文

江西省上犹县社溪镇严湖村有 28 个村民小组，共有农户 681 户，农业人口 2765 人，是“十三五”省级贫困村。近年来，通过不断加大扶贫力度，推进精准扶贫，基础设施有了一定改善，贫困户减少到目前的 132 户 416 人。但由于该村基础设施建设欠账太多，产业基础脆弱，农民收入水平仍处于一个较低的水平，2015 年全村农民人均纯收入 5720 元，只相当于全省农村居民人均可支配收入 10117 元的 56.5%。该村的贫困现状，主要表现在以下几个方面。

一是基础设施落后，公共服务弱。交通出行不便，通村公路虽在三年前完成硬化，但 28 个村民小组 8 条通组公路仅有 3 条完成硬化，有 5 个村民小组通汽车困难；上学就医困难，该村离圩镇远，且无村完小，三年级以上需到 15 公里外的蓝田小学就读；卫生设施及设备配置不全，疾病防控能力差，全村目前仅有村级卫生室 1 个，看病就医很不方便；饮水不方便，受地势等自然因素影响，未通自来水，村民取水有的从水井里挑水，有的从水井里抽水，也有的从山中引泉水到家，饮用水得不到有效保障；用电通信质量不高，全村虽已全部通电，但因线路老化，供电线路长，电压不稳定，部分大功率电器无法使用。28 个村民小组中，有 5 个组未通广播电视，移动通信信号弱，也未通宽带网络，信息较为闭塞。

二是农田水利设施差，土地产出低。全村共有耕地 1884 亩，人均耕地 0.68 亩，只相当于全省人均 1.045 亩的 65.07%、全国人均 1.35 亩的 50.37%。加上农田水利设施落后，山塘、水渠等水利设施严重老化，大部分山塘水库等灌溉工程因无资金维修，不能正常运转，抗御自然灾害的能力脆弱，大部分耕地属中低产田。种植结构单一，基本上只种一季水稻，种植效益低。人均山地虽有8.7亩，但多为荒山和残次林，占全村林地80%以上；油茶林全部为低产油茶林，产量很低，经济效益差。

三是群众收入低，居住环境差。从该村整体情况来看，农户的主要经济来源为务工、务农两个方面。务农主要以种植水稻为主，小部分农户养猪、鸡、鸭、鱼或牛、羊等，但没有形成规模，基本满足于自给。住房方面，通过近年来的土坯房改造，尽管大多数土坯房改造完毕，但相当一部分农户只是搭起了房屋的框架，无钱装修，生活设施简陋，有的为建房还欠了一屁股债。

四是增收难度大，脱贫任务重。要改变严湖村的贫困面貌，需要投入大量资金解决基础设施建设问题，有效解决贫困户增收问题。造成该村农户整体收入较低，除了该村土地资源不足、生产条件较差、没有带动群众致富的龙头产业外，与当地群众的文化技术素质和思想观念也有很大关系，大多数群众接受新科技、新思想的能力差，无论是思维方式、生产方式还是生活方式都跟不上形势发展，有的甚至存在较严重的“等、靠、要”思想。村里文化生活贫乏，导致村民喜欢聚集打牌，喜欢“东家长，西家短”地议论是非，创业氛围不浓，致富热情不高。

该村目前132户计416人没有脱贫，其主要原因在于：一是大病医治拖累所致。很大一部分贫困户是因患重病，医治花费大导致负债累累，陷入贫困。在贫困人口中，有126人身体不健康，患有各种慢性疾病不能从事体力劳动，其中有27.5%的人丧失劳动能力，不仅不能劳动，还需常年吃药并要有人照料，平均每户每年医疗消费为1056元，占家庭开支的20%以上。二是缺劳力缺技术。有近70户(占贫困户的53%)因为缺劳动力，有54户(占贫困户的41%)家庭因为残疾或患有慢性病而无法做事，只有闲在家里。还有16户虽有劳力但不懂技术，生产开发效益低，又无一技之长，打工靠卖苦力收入不高也不稳定，导致致富无门、增收无力。三是先天不足。在132户贫困户中，有88户低保户(占贫困家庭的67%)，因种种原因导致入不敷出，必须依靠农村低保维持基本生活。还有14户五保户，必须由政府给予生活保障。

严湖村虽然贫困程度比较深，但也有一定的发展基础，通过扶持可以改变落后面貌，实现脱贫目标。关键是要针对当前存在的困难和问题，选对路子，坚持改善生产生活条件与增加收入同时并进，瞄准对象，精准施策，破解难题。

一是坚持长短结合，发展产业增收。拓展油茶基地，在两万亩低改和两千亩新植油茶的基础上，继续新增油茶低改 5000 亩，新植油茶 2000 亩，逐步成片。抓种养发展，包括巩固水稻种植，提高种粮效益；依托龙头企业，与赣州城区市场对接，采取“公司＋农户”形式，种植 500 亩大棚蔬菜；利用低山丘陵山坡和门前屋后等闲置土地，栽种桃、李、梨、金橘、蜜橘、板栗、杨梅等小水果 1000 亩以上；利用闲置山场，发展生态养鸡、养牛等产业，增加部分收入。抓光伏发电。利用村部学校等公共建筑屋顶，鼓励和扶持农户利用家中屋顶发展光伏发电产业，形成稳定收入来源。在发展好上述三个产业的基础上，依托当地资源，发展生态旅游，促进农民持续增收。从保护好严湖古井、古屋、古驿道、古树等具有文化底蕴的古代遗迹入手，进行修缮升级，保护好集中连片老土坯房，改造升级为百年客家民居；利用新江河落差大、水资源丰富的优势，打造新江河漂流、新建古法榨油厂和油茶文化、新型“农家乐”等项目，发展严湖旅游，使其逐步成为严湖百姓持续增收的重要产业。

二是坚持标本兼治，抓好教育培训。抓基础教育，从改善教学条件入手，让更多的青少年通过学习深造走出大山。新建新江教学点，完善严湖小学教学设施，改善办学条件，恢复村完小，解决上学难的问题。通过建立助学制度，防止因穷辍学。成立村助学基金会，接受社会各界捐款，对困难农户子女上学实行资助，对考入大学的学生实行奖励。此外，还可对接政府有关部门热心人士和社会各界助学团体，形成“一对一”帮扶，防止因学致贫。抓职业技术培训。积极协调培训机构和劳保等有关部门开展技能培训，确保初、高中毕业生在没有考上高中、大学之后，都能接受职业教育，使农村新增劳动力都能掌握专业技能，就地转化或者外出务工、经商。切实用好国家对职业教育农村籍学生给予教育补助和推荐就业的政策，有效减轻家庭教育负担；同时，可成立村农民夜校，根据生产发展需要，组织开展蔬菜、油茶、水果种植和生态环保养殖技术培训，提高生产开发效益。

三是瞄准 132 户贫困户，落实近期脱贫措施。按照国家政策，对 14 户五保户、88 户低保户，实行兜底政策，解决好贫困户的基本生活问题。对 132 户贫困户中 72 户有小孩上学的家庭，发动省公安厅的干部职工实行一对一结对帮扶，降低小孩上学负担。对居住在偏远山区交通不便的 14 户农户，列入搬迁扶贫范围，搬迁安置到城区或工业园区附近，通过技术培训等，帮助进入工业企业就业，解决好生活出路问题。

四是突出基础设施建设，改善生产生活条件。抓村庄环境整治。结合城乡一体化建设，按照统一规划、统一布局、分步实施的原则，以建设“诗画乡村”为目标，开展村庄环境综合整治，主要包括平整土地、危旧房改造、道路连通、排水排污、改水改厕、文化体育活动设施等建设内容，优化村容村貌整体形象，使群众居住环境和卫生条件有明显改观。抓公共服务设施。包括：以村部为中心，硬化环村道路3公里形成全村循环，改善出行交通条件；建设安全饮水工程，选好优质水源，集中建好中心水池，实行集中供水，铺设水管，解决全村500多户农户饮水难的问题；完善农田水利设施，新开水渠5000米，对村部前700余亩农田实施土地平整，提高耕地质量；改善通信设施，力争每个村小组通广播、通宽带网络，为发展电商销售打好基础。

强化精准扶贫的保障措施，包括以下几个方面。

一是加强村党组织建设。该村有党员41人，其中18人外出创业或务工，力量不集中，党组织生活较为分散。为此，要紧紧依托省公安厅工作组挂村扶贫的有利条件，切实加强支部建设。健全规章制度。完善支村两委工作制度、议事制度，健全农民自主投工投劳等机制，逐步形成村民自主决策、自我管理、自我服务的长效机制。加强阵地建设。建设好村部，完善农民夜校、图书室(农家书屋)、活动室、卫生室、篮球场、文化教育、健身娱乐等设施，在村部设置党(村)务公开宣传栏。完善组织网络管理。重点抓好党小组建设，28个村小组分片成立党小组，按照“党建＋”工作理念，将党小组融入到村民理事会、经济组织合作社等群众组织，充分发挥党支部和党小组的战斗堡垒作用。培养后备力量。通过岗位锻炼，着力从党员中培养致富能手，从产业带头人、种养大户和经济能人中发展党员。培育良好风尚。通过修订完善《村规民约》，积极开展“文明家庭、劳动致富、环境优美示范户”等评选活动，倡导文明道德新风尚。

二是强化产业扶贫措施。实行一对一帮扶。特别是在产业扶持上，要紧盯132户贫困户，除五保户由政府兜底外，对其余118户贫困户要一对一落实扶贫工作责任人，制定任务书，签订责任状，分户建档立卡，分户制定脱贫计划和时间表，提出项目安排和具体措施，确保全村132户贫困户按期脱贫。搭建好组织平台。尽快组建油茶种植、蔬菜种植等合作社，制定好合作社运行机制，通过合作社为各家各户发展生产提供技术、销售等方面的服务，把分散的农户组织起来实行产业化经营，解决好“小生产”与大市场的连接问题，带动贫困户发展产业、增加收入。盘活闲置土地。通过土地流转，把土地向致富能手和龙头企业流转，农民通过培训到企业打工，实现由农民向产业工人的转变，通过土地流转收入、打工收入和企业分红，提高农民收入。用活扶助资金。实施好产业发展项目，不断发展壮大集体经济实力，鼓励和吸引外出务工村民及有一定实力的志愿青年回村创业，带领村民共同致富。

三是强化扶贫资金监管。优化制度设计。当地政府和有关部门要围绕脱贫目标，根据贫困地区发展需要，进一步制定和完善各类扶贫优惠政策，优化制度，完善机制，用政策调动企业和社会各界的扶贫积极性，对农民发展产业、生产经营予以鼓励和支持。增强扶贫合力。充分整合各有关部门的资金项目，加大对贫困地区的支持力度。特别是对产业扶贫的项目，基本的资金必须打足，不能“钓鱼”。积极协调金融机构在政策允许的情况下，为扶贫产业提供低息或无息贷款。加强资金管理。扶贫部门要严格执行扶贫资金管理制度，加强监督检查，规范资金管理，确保资金专款专用。加强政务公开。对每一笔扶贫资金的使用，都要做到政策、资金、项目三公开。可组建村老年人协会，充分发挥老党员、老干部的作用，对扶贫项目实施进行经常性监管和全过程跟踪，确保项目建一个，成一个。

四是建立后期帮扶跟进机制。建立脱贫后期帮扶机制。贫困人口脱贫后，落实责任人进行 3～5 年的跟踪，继续帮助解决生产生活中的困难问题，直至其持续发展，实现稳定脱贫。完善大病救助和商业保险制度。既要提高医保中大病报销额度，还要加大大病医治商业保险力度，最后由政府实行救助兜底，确保农户不会因病致贫。建立农业生产和自然灾害保险制度，确保农户不因灾致贫。进一步扩大义务教育范围，将学杂费免费范围从目前的九年制义务教育扩大到从学前教育到高中和中职教育，防止因学致贫。

（三）案例分析

在公共政策过程中，政策问题构建包括问题察觉、问题描述、问题分析、问题界定四个阶段。贫困现象一直为党和国家所关注，在案例中，由于各种原因（地理位置、产业基础、教育落后）造成贫困状况存在差异。分析严湖村面临的问题，如基础设施落后，公共服务弱，居民的文化程度低，产业基础薄弱，群众的政治参与意识淡薄，土地产出低，群众收入低，居住环境差，增收难度大等，精准施策，对症下药。

（四）案例讨论

1. 本案例中的贫困属于什么类型的公共问题？

2. 本案例中的贫困问题是如何进入政策议程的？
3. 本案例中贫困这一公共问题是由哪一类主体来认定的？
4. 案例中形成的公共政策议程属于公众议程还是政府议程？
5. 你认为贫困这一问题进入政策议程的客观条件是什么？
6. 你认为在精准扶贫过程中政府要注意哪些问题？

（五）主要参阅资料及推荐读物

1. 陈庆云：《公共政策分析》(第二版)，北京大学出版社，2011 年版。

2.《精准扶贫有多难？看看一位副省长的扶贫调研报告吧》，《中国经济周刊》，2016 年第 13 期。

3. 高飞、向德平：《社会治理视角下精准扶贫的政策启示》，《南京农业大学学报》，2017 年第 4 期。

4. 何植民、陈齐铭：《精准扶贫的“碎片化”及其整合：整体性治理的视角》，《中国行政管理》，2017 年第 10 期。

5. 郑瑞强：《精准扶贫的政策内蕴、关键问题与政策走向》，《内蒙古社会科学(汉文版)》，2016 年第 3 期。

案例五：政策议题关注周期——“8·25”哈尔滨酒店火灾事故

（一）案例梗概

近年来我国重大火灾案件频发，与其他灾害相比，火灾案件往往会伴随着重大的人员伤亡。2018 年 8 月 25 日凌晨 4 时，黑龙江省哈尔滨市松北区北龙温泉酒店发生火灾，该火灾造成 20 人死亡，构成重大火灾。应急管理部消防局领导带队的工作组赴现场指导火灾处置和原因调查。

（二）案例正文

2018 年 8 月 24 日北京九方愉悦老年旅行团入住了哈尔滨松北区太阳岛风景区的北龙温泉休闲酒店。第二天凌晨 4 时 10 分酒店旅行团团员听到窗外爆裂声音，并看到窗外的火苗；10 分钟后酒店工作人员察觉到火灾，部分老人开始从房间阳台上跳下。4 时 36 分消防部门接到报警电话，距离事发地点最近的松北消防大队太阳岛中队随即赶到现场。5 时 03 分，太阳岛中队率先到现场进行灭火和抢险救灾工作，共疏散人员 80 余人，搜救被困人员 20 人。6 时 30 分火灾得到有效控制。7 时 50 分明火全部扑灭。经多次搜救和排查，现场死亡人员 18 人。至 25 日 13 时，共收治伤员 24 人，其中 1 人抢救无效死亡。哈尔滨市消防部门事发当天共出动 5 个中队、30 台消防车、107 名消防官员参与扑救。

火灾发生的主要原因是 2 楼厨房起火，酒店内部结构复杂且没有疏散指引标识。间接原因还在于：一是自 2017 年 12 月以来，北龙温泉酒店在 6 次消防监督抽查中，有 4 次抽查不合格，直到 2018 年 3 月 26 日检查结果才合格。哈尔滨市公安局的执法情况汇报显示，该酒店未进行装修工程消防竣工验收备案，并在多次消防检查中发现室内报警系统存在故障，消防栓被杂物遮挡，未经消防验收擅自投入使用。二是该酒店的设立涉嫌违法行为。按照《风景名胜区条例》和风景名胜区规划要求，禁止在核心景区内建设宾馆、招待所、培训中心、疗养院以及与风景名胜资源保护无关的其他建筑物、构筑物；已经建设的，应当按照《风景名胜区条例》和风景名胜区规划逐步迁出。而该酒店位于国家 5A 级景区的太阳岛风景区之内。三是公安机关消防机构的工作人员滥用职权、玩忽职守、徇私舞弊。黑龙江省公安消防总队官网显示，松北公安消防曾于 2016 年 7 月对北龙温泉酒店进行“临时查封”，但是官网并未公示何时对该酒店“解除临时查封”。

8 月 25 日下午，哈尔滨市政府新闻办召开新闻发布会，通报“8・25”松北区北龙温泉休闲酒店火灾事故情况，哈尔滨市政府对事故原因进行深入调查，并对相关负责人进行严肃处理。进一步加强安全管理工作，落实安全管理责任，在全市范围内排查整治安全隐患。事故发生当天，应急管理部迅速抽调 10 人组成火灾救援及事故调查工作。调集全国最有经验的专家，会同黑龙江省专家和技术骨干组成 40 余人的专家组。对火因进行技术调查。对主要嫌疑人李艳滨悬赏 30 万元人民币追捕。27 日，哈尔滨市成立 13 个接待小组，与 20 名遇难者家属全部取得联系。8 月 30 日主要嫌疑人李艳滨被抓获。9 月 21 日，太阳岛风景区管理局局长、党组书记黄敬国，太阳岛风景区资产经营有限公司党委书记、董事长赵越，哈尔滨市公安消防支队松北区大队大队长杨丹等 3 名相关责任人涉嫌严重违纪违法，接受纪律审查和监察调查。9 月 13 日，国务院安委办就北龙温泉休闲酒店“8・25”重大火灾事故对哈尔滨市政府进行安全生产约谈。

从政策议题关注周期来看：

一是前问题阶段。2015—2018 年 8 月我国发生火灾的事故伤亡及损失严重。根据公安部消防局统计，2015 年全国火灾灾害相比 2014 年有所下降，2015 年全年共发生火灾 34.7 万起(全国)，其中 1899 人死亡，1213 人受伤。直接造成经济损失 43.6 亿元。相比 2014 年，火灾次数下降 14.5%，死亡人数下降 4%，受伤人数下降 26.5%，造成财产损失下降 16%。2015 年全国共发生重大火灾事故 63 起，造成 234 人死亡，114 人受伤，直接造成财产损失 2.5 亿元。2015 年共发生 5 起特大火灾事故，相比 2014 年都有所减少。2016 年，全国共接报火灾 31.2 万起，亡 1582 人，伤 1065 人，直接财产损失 37.2 亿元，与 2015 年相比，四项数字分别下降 10.1%、16.7%、12.2%和 14.6%。其中，较大火灾 64 起，同比减少 4 起、下降 5.9%；未发生重大和特别重大火灾，新中国成立以来首次全年未发生一次亡 10 人以上的火灾。2017 年 1—10 月：全国共接报火灾 21.9 万起，亡 1065 人，伤 679 人，已核直接财产损失 26.2 亿元，同比分别下降 21.3%、17.7%、29.9%和 24.7%。其中，发生较大火灾 50 起，同比减少 7 起，下降 12.3%；发生重大火灾 3 起，2016 年同期未发生重大火灾；未发生特别重大火灾。2018 年 1－8 月：全国共接报火灾 16.61 万起，亡 933 人，伤 560 人，直接财产损失 20.53 亿元，同比分别下降 19%、4.7%、8.8%和 17.7%。8 月共发生 6 起较大火灾，同比增加 3 起，是近 5 年来同期较大火灾较多的月份，仅次于 2016 年同期的 8 起；8 月也是 2018 年继 1 月、4 月和 5 月后，第 4 个较大火灾上升的月份。

二是问题惊现与热情高涨阶段。一方面，某些戏剧化的系列事件或其他原因。如 2018 年 8 月 25 日凌晨，哈尔滨市松北区北龙温泉休闲酒店发生火灾。火灾共已造成 20 人死亡，20 多人受伤被送往医院进行救治。另一方面，公众意识到此问题的严重性并为之惊恐。全国各大媒体(人民日报、百度、搜狐、网易、重庆晚报、山东消防安保网、哈尔滨新闻网等)争相报道，事件逐渐扩散到全国范围引起公众的担忧。此外，引起相关部门的重视，进行事故原因调查。2018 年 9 月 3 日，从黑龙江省政府事故调查组获悉，经现场勘察、调查取证和技术鉴定，查明哈尔滨“8・25”火灾事故起火时间为 8 月 25 日 4 时 12 分许，起火部位为该酒店的风机盘管机组处，起火原因是风机盘管机组电气线路短路形成高温电弧，引燃周围塑料绿植装饰材料并蔓延成灾。

三是困难与成本认知阶段。一方面，解决问题需要花费大量的人力物力财力。“8・25”火灾发生后，消防部门迅速调派 5 个消防中队、30 辆消防车赶赴现场灭火救援，搜救、疏散被困人员 100 余人。接到事故报告后，应急管理部高度重视，派出由消防局局领导带队的工作组赶赴现场，指导火灾处置和原因调查工作。哈尔滨市成立 13 个接待小组，与 20 名遇难者家属取得联系，27日遇难者家属全部抵达哈尔滨。截至2018年8月28日19时40分，“8·25”火灾事故遇难者家属通过现场指认及DNA比对，已全部完成遗体辨认。另一方面，人员问责。哈尔滨市纪委监委成立由副书记任组长的事故问责调查组，在省纪委监委的指导下，全面开展问责调查工作，坚决依法依规严肃追责。太阳岛风景区管理局局长、党组书记黄敬国，太阳岛风景区资产经营有限公司党委书记、董事长赵越，哈尔滨市公安消防支队松北区大队大队长杨丹等3名相关责任人涉嫌严重违纪违法。2018年9月13日，国务院安全生产委员会办公室就“8·25”重大火灾事故对哈尔滨市政府进行安全生产约谈，要求深刻剖析北龙温泉休闲酒店“8·25”重大火灾事故教训，采取切实有效措施，排查风险治理隐患，扭转安全生产和消防安全严峻形势。

四是热情逐渐消退阶段。此事件发生在2018年8月25日，截至9月13日，此事件的后续处理程序已基本接近尾声。

日期	新闻数量(篇)
8月25日	26
8月26日	21
8月27日	20
8月28日	3
8月29日	6
8月30日—11月9日	10

五是后问题阶段。8月25日，应急管理部召开遏制重特大火灾紧急调度会，要求立即组织开展以人员密集场所为重点的消防安全排查。会议分析指出，哈尔滨“8·25”重大火灾充分暴露出一部分社会单位消防安全责任不落实的问题，教训十分惨痛。受各类单位生产经营活动频繁、群众旅游休假集中、客流物流量增大等因素叠加影响，当前已经进入夏秋换季时的火灾高发期。会议要求，各级消防部门要在全面分析研判本地消防安全形势的基础上，立即行动起来，深入开展人员密集场所消防安全检查。以宾馆饭店、医院、养老院、桑拿洗浴、学校幼儿园、商场市场、公共娱乐场所、旅游景区等人员聚集场所为重点，认真检查单位消防安全责任人和消防安全管理人履职、建筑消防设施维护保养、疏散通道和安全出口畅通、用火用电用气安全管理、微型消防站能力建设等方面的情况。对发现的火灾隐患和消防违法行

为，采取约谈提示、曝光隐患、责令改正等形式，督促整改，严格执法。对危及公共安全的重大隐患问题，依法从严查处，并采取针对性措施，帮助单位提高自防自救能力。会议强调，各级消防部队要从人员、预案、装备、演练、指挥等各方面落实执勤战备工作，切实提升"灭早、灭小、灭初期"能力。各级119指挥调度中心要加大夜间等敏感时段火灾的力量调派等级，针对宾馆、酒店和居民小区等人员密集场所火灾，必须第一时间一次性调足灭火、供水、排烟、破拆装备和攻坚力量。对距离消防站较远的大型人员密集场所，敏感时段要前置备勤，确保一旦发生火灾，第一时间到场扑救。同时，要充分发挥治安联防队、保安巡逻队以及单位、社区微型消防站的作用，加强夜间防火巡查，强化与119指挥调度中心、辖区消防中队的联勤联动执勤，严防小火酿成大灾，坚决守住火灾防控的最后一道防线。

10月25日，国务院安委会办公室召开今冬明春火灾防控工作动员部署视频会议。根据国务院安委会办公室《今冬明春火灾防控工作方案》，冬春火灾防控的重点任务是深化消防安全检查治理、强化消防宣传教育培训、做好重大活动安保、提升消防救援能力等四个方面工作。会议要求，各地区、各部门要以宾馆、养老院、"城中村"等人员密集场所、高风险场所为重点开展检查治理，抓紧推动已部署的大型商业综合体、电动自行车、博物馆和文物建筑综合治理，针对火灾高发的行业和场所组织专项治理；要组织"119"消防宣传月活动，深化消防宣传"七进"，广泛开展消防安全责任人、管理人的消防安全培训；要优化整合应急救援力量和资源，健全完善工作机制，联合多部门开展应急联动实战演练，提升应急救援能力；要突出重大活动、节假日等重要节点的火灾防控，加强安全管理和风险防范，坚决守住"不发生大火"这一底线。会议强调，各地区、各部门要采取有效措施，层层落实工作责任，实施重点约谈督办，强化问题清单治理，从严落实督导问责，全力推动冬春火灾防控各项工作落到实处。

CCTV新闻播报提到的火灾防范问题：

日期	内容
8月25日	《东方时空》哈尔滨一酒店今晨发生火灾 19人遇难 应急管理部：全国开展消防检查
8月29日	《新闻直播间》应急管理部消防局 全国严查人员密集场所火患
9月1日	《新闻直播间》应急管理部消防安全检查发现 人员密集场所火患依然大量存在

续表

日期	内容
9 月 13 日	《共同关注》新闻追踪·哈尔滨“8·25”重大火灾事故 哈尔滨人民政府被约谈
10 月 4 日	《东方时空》时空观察 国庆假期过半 关注出游安全 应急管理部 节日期间严防重大火灾事故发生
10 月 5 日	《共同关注》应急管理部消防局组织各地消防部门开展景区消防安全排查
11 月 4 日	《新闻直播间》关注身边的火患：外接电线给电动自行车充电、电动自行车消防安全提示、电动自行车楼道充电起火、模拟过充试验，电动自行车过充易发火情
11 月 4 日	《新闻直播间》宾馆酒店防火逃生安全提示 入住酒店 读懂客房门后逃生路线图
11 月 4 日	《新闻直播间》防患于未“燃”警惕身边的火患 管理缺位 小宾馆藏着大隐患
11 月 9 日	全国消防日系列报道
11 月 12 日	全国各地落实消防安全检查与演练的系列报道

（三）案例分析

安东尼·唐斯在《生态沉浮：议题关注的周期》一文中提出议题关注周期包括：前问题阶段、问题惊现与热情高涨阶段、困难与成本认知阶段、热情逐渐消退阶段、后问题阶段。结合该案例来说，反思火灾防范：一是，法律法规落实不到位。消防安全隐患老大难存在的根本原因是没有依法治理，国家法律法规很全面，但执行不力。二是，目前我国各地区已经开始进行大规模的消防安全排查，这种行业式或者运动式的大检查，是治理安全隐患经常采用的方式手段。火灾安全事故发生之后，进行火灾的大检查、大排查。这种检查在一定程度上是有效的，但难以保证持久性，难以形成制度化。在哈尔滨大火之后，全国进行的消防大检查，不仅针对一类、一个突发事件进行反思，还有综合性的检查反思。除了严格督促落实相关企业、火灾易发生场所经营管理者等的责任，还需要将火灾预防责任进一步细化分解，使之成为体系和链条。鉴于火灾预防责任的重大性、综合性和紧迫性，突出并强化火灾预防的法律责任尤其是刑事责任，增强其约束力、震慑力和惩治力。

（四）案例讨论

1. 根据政策议题周期的理论，反思该类问题的发生与发展。

2. 根据案例，谈谈如何防范该类事件的发生？政府可以从哪些方面进行防范？

3. 谈谈如何完善相关的政策与管理规范。

（五）主要参阅资料及推荐读物

1. 魏淑艳、孙峰：《政策议题建构现代化的驱动逻辑与实现路径》，《理论探讨》，2018 年第 3 期。

2. 孙峰：《网络时代政策议题建构的信息把关过程研究》，《东北大学学报(社会科学版)》，2018 年第 5 期。

案例六：《中华人民共和国疫苗管理法》出台

（一）案例梗概

2018 年 11 月，我国首次就疫苗的生产、储存和接种问题进行单独立法。2018 年 11 月 11 日，国家市场监督管理总局发布《中华人民共和国疫苗管理法(征求意见稿)》，公开向社会征求意见。2018 年 12 月 23 日，疫苗管理法草案首次提请十三届全国人大常委会第七次会议审议。2019 年 1 月 4 日，经国务院常务会议讨论通过的《中华人民共和国疫苗管理法(草案)》征求意见稿公布。2019 年 6 月 29 日，十三届全国人大常委会第十一次会议表决通过了《疫苗管理法》。

（二）案例正文

疫苗，对于老百姓来说是一个并不陌生的事物，它关系人民群众生命健康，关系公共卫生安全和国家安全。在《疫苗管理法》出台之前，我国疫苗研制、生产、流通、预防接种、监督管理等相关规定散落在《药品管理法》《疫苗流通和预防接种管理条例》等多部法律法规中，没有形成相对完善的监管体系。自 2006 年到 2018 年我国对疫苗相关政策法规修改极少，有关疫苗的监管规定不具体。加之，近几年疫苗事件频发，引起广泛的关注。

可以从多源流理论来考察政策问题进入政府议程并制定相应政策的过程。金登认为在政策系统中存在着三种不同的源流：1. 问题流，是在一定时期内，社会凸显的问题通过特定事件引起人们关注。2. 政策流，是指针对某一政策问题，不同政策共同体提出不同形式的建议，这些建议相互融合，最终可行的观念被接受。3. 政治流，包含民众情绪、公众舆论、利益集团等因素。如果潜在的议程与当下社会民众情绪一致并得到利益集团支持，向政府施加压力会产生不同程度影响，将问题推入政策议程。议程和政策变化的关键是这些源流在一些关键的时候汇合在一起，此时点被定义为“政策之窗”，其实质是三条源流的变化使得既定问题被推上政策议程的条件的成熟，从而使公共问题上升为政策议程。《疫苗管理法》的诞生就是这三个源流汇合后形成的“政策之窗”打开的结果。问题流，如山东疫苗问题出在疫苗未经严格冷链存储运输上，长春长生疫苗则是没有按照规程生产，江苏金湖注射了失效疫苗，海南博鳌假冒疫苗等。政策流，在 2016 年国务院对《疫苗流通和预防接种管理条例》进行了修订。政治流，毒疫苗案件屡屡发生，使得人民群众对国产疫苗担忧，舆论直指相关部门问责不严，形成一股巨大的群体压力。为保证疫苗安全、有效、可及，规范疫苗接种，保障和促进公众健康，维护国家安全。明确疫苗管理中的法律责任，同时强化了疫苗管理的企业责任和社会共治。2019 年 6 月 29 日，十三届全国人大常委会第十一次会议表决通过了《疫苗管理法》。

（三）案例分析

《疫苗管理法》强化了疫苗管理改革举措，将分散在多部法律法规中的疫苗研制、生产、流通、预防接种、异常反应监测、保障措施、监督管理、法律责任等规定进行全链条统筹整合，并提升到立法的高度，我国也成为世界上首个将疫苗管理单独立法的国家，因此，我国的疫苗管理立法也具有开创性的意义。

（四）案例讨论

1. 从公共管理的角度，谈谈你对疫苗管理的认识或建议。
2. 国外相关的经验对我国进一步完善疫苗管理有何借鉴？

（五）主要参阅资料及推荐读物

1. 宋华琳：《推进我国疫苗监管制度的法律改革》，《中国党政干部论坛》，2016 年第 5 期。

2. 付丰：《重构我国疫苗供应和监管体系》，《中国党政干部论坛》，

2016 年第 5 期。

3. 胡颖廉:《行政吸纳市场:我国药品安全与公共卫生的治理困境——以非法疫苗案件为例》,《广东社会科学》,2017 年第 5 期。

4. 杨华锋:《药品安全从行政监管走向协同治理的路径审视——基于“山东疫苗事件”的考察》,《天津行政学院学报》,2017 年第 3 期。

第六章　政策制定

★需理解的知识点及案例分析目标

理解公共政策制定的内涵及过程、公共政策的合法化和合法性。应用相关知识理解现实中公共政策的制定过程和规律。

第一节　内容概要

公共政策制定是确立了公共政策议程之后进入问题解决阶段的首要环节，它本身又是一个复杂的动态过程。

一、公共政策制定的内涵

对公共政策制定的认识有广义和狭义两种分类。一类从宏观的视角来认识，即广义上的公共政策制定过程，指从政策问题的确认开始，一直到政策评估和政策终结为止；一类从微观的视角来认识，即狭义上的公共政策制定过程，指从确立政策目标到抉择政策方案的过程。

公共政策制定，指公共组织，特别是政府，针对有关的重要政策问题，依照一定的程序和原则确定政策目标，拟定、评估和选择有关政策方案并最终择定的过程。关于公共政策制定的主要环节或阶段，国内外不同的专家学者有不同的理解和看法。政策科学的奠基人拉斯维尔在《决策过程》这一论著中，将政策过程划分为情报、建议、规定、行使、应用、终结和评价七个阶段。这是关于政策过程阶段划分的起源。安德森认为，政策的形成和通过包括三个方面：公共问题是怎样引起决策者注意的；解决特定问题的政策意见是怎样形成的；某一建议是怎样从相互匹敌的可供选择的政策方案中被选中的。邓恩在《公共政策分析导论》一书中认为，政策制定过程，从时间角度看，它们构成一系列独立的阶段：议程建立、政策形成、政策采纳、政策执行、政策评估。

二、公共政策制定的动态过程

公共政策制定作为一个动态过程，一般包括确定政策目标、设计政策方案、论证评估方案、抉择方案等几个相对独立又密切联系的环节。一是，公共部门决策目标的确定。在决策问题得以确认后，决策制定者首先是确定有关决策目标。明确决策目标是决策制定的根本出发点和落脚点，它决定着决策制定的方向和终点。决策目标就是有关公共组织，特别是政府，为了解决有关公共决策问题而采取的行动所要达到的目的、指标和效果。决策目标具有明确性、针对性、现实可能性、前瞻性、协调性和规范性等特点。二是，公共政策方案的规划。建立有关政策议程后，为了实现一定的政策目标，政府组织力量草拟和评估政策方案与行动步骤。

三、公共政策合法化

公共政策合法化是政策执行的前提。公共政策方案只有经过合法化的过程才能成为有效的政策去付诸实施，也只有合法性的政策才能顺利执行。从广义的角度而言，所谓具有合法性的政策就是能够被公众认可、接受、遵从和推行的政策。政策取得合法性的过程被称为政策合法化。政策学家琼斯在其《公共政策研究导论》一书中把合法化分为两个部分，一是政治系统自身的合法化，二是公共政策的合法化。托马斯·戴伊认为可以把政策合法化分解为三个功能活动，即“选择一项政策建议，为这项建议建立政治上的支持，将它作为一项法规加以颁布”。张金马认为，“政策合法化是指经政策规划得到的政策方案上升为法律或获得合法地位的过程。它是由国家有关的政权机关依据法定权限和程序所实施的一系列立法活动与审查活动所构成的”。公共政策合法化包括使某些公共政策获得合法地位而准予实施的步骤、顺序、方式、时限，以及使某些公共政策上升为法律的步骤和程序等两种层次。从不同主体的政策合法化来看，有立法机关或权力机关的政策合法化，包括提出议案、审议议案、表决和通过议案等；行政机关的政策合法化，包括委托立法和职权立法；司法机关的政策合法化。

第二节　案例分析

案例一：西安市天然气价格改革听证

（一）案例梗概

价格听证制度，又称价格决策听证制度，是指制定和调整公用事业价格、公益收费服务价格、自然垄断经营的商品价格时，由政府价格主管部门主持，请社会有关方面对其必要性、可行性进行论证的程序制度，是价格决策民主化和科学化，消费者直接参与定价的重要形式。2000 年出台的《中华人民共和国立法法》明确了立法听证会的法律地位；2001 年出台的《政府价格决策听证暂行办法》标志着我国在听证制度的操作上有了规程；2002 年出台的《政府价格决策听证办法》明确了价格听证的内涵，同时，2008 年出台的《政府制定价格听证办法》重新明确了价格听证。2018 年 11 月 12 日，陕西省西安市物价局召开天然气价格改革听证会，此次听证会重新核定城市燃气配气价格，推行季节性差价政策，鼓励市场化交易。听证会参加人建议确定价格联动幅度和季节性差价时应充分考虑广大群众特别是低收入群体的承受能力。理解天然气企业运营困难的同时希望企业肩负社会责任，调价后提高服务质量、安全，让居民用气安心、舒心。

（二）案例正文

西安市有 11 家城市燃气公司，累计投运的天然气管线达 10685 公里。截至 2017 年底，西安市居民用户共 328 万户，非居民用户 13628 万户，全市年供气量共 22.7 亿立方米，其中居民供气量 15.46 亿立方米，非居民供气量 7.24 亿立方米。天然气销售价格由上游门站价格、省内管输价格和城市配气价格三部分组成，分为居民、非居民及集中采暖用气价格三类。居民生活用气价格实行阶梯气价制度，其中，一阶气价每立方米 1.98 元，非居民气价(不限量)每立方米 2.30 元，集中采暖用气，居民小区自备锅炉采暖用气价格为居民用气一阶气价为 1.98 元每立方米，市政集中供暖气价为 2.04 元每立方米。从 2018 年 6 月 10 日起，国家已建立了弹性价格机制，对居民用气实行基准门站价格，允许供需双方以基准门站价格为基础，协商确定具体门站价格。西安市居民气价多年未调，居民用气配气价格自2006年以来已12年未做调整，居民用气销售价格自2010年以来也一直未做调整。西安市城市天然气价格改革方案主要有三方面内容：理顺城市管道天然气配气价格和销售价格，建立天然气上下游价格联动机制，建立天然气季节性差价制度。

方案一：居民和非居民配气价格实现并轨。调整分类配气价格。居民配气价格由现行的0.49元每立方米调整为0.55元/立方米，上调0.06元/立方米，非居民配气价格由现行的0.754元/立方米调整为0.55元/立方米，下调0.204元/立方米，实现居民与非居民配气价格并轨。调整城市天然气销售价格。按照配气价格并轨的目标，在调整配气价格的同时再理顺上游居民用气增幅0.056元/立方米，一阶居民气价共计上调0.116元/立方米。按照各阶气价1∶1.2∶1.5比价关系，居民用气各阶销售价格为：一阶销售气价由现行的1.98元/立方米调整为2.10元/立方米；二阶销售气价由现行的2.38元/立方米调整为2.52元/立方米；三阶销售价格由现行的2.97元/立方米调整为3.15元/立方米。就方案一对居民用户影响而言：对于非独立采暖用户而言，按照调整后的居民用气一阶销售价格，一阶年最高气量为480立方米计算，每户年增加支出57.6元，月增加支出4.8元；二阶最高气量180立方米气量计算，每户年增加支出25.2元，月增加支出2.1元；对用气量达到三阶年最高气量660立方米以上的用户，气价增幅0.18元每立方米，用气100立方米，增加支出18元。对于独立采暖(壁挂锅炉)居民用户而言，按照调整后的居民用气一阶销售价格，一阶年最高气量为2000立方米计算，每户年增加支出240元，月增加支出20元；二阶最高气量1000立方米气量计算，每户年增加支出140元，月增加支出11.67元；对用气量达到三阶年最高气量3000立方米以上的用户，气价增幅0.18元每立方米，用气100立方米，增加支出18元。

方案二：居民和非居民配气价格不并轨。调整分类配气价格。以“条件不具备的城市尽量缩小差价”为目标，以重新核定的配气价格0.55元/立方米为基准，居民配气价格由现行的0.49元/立方米调整为0.52元/立方米，上调0.03元/立方米，非居民配气价格由现行的0.754元/立方米调整为0.704/立方米，下调0.05元/立方米。调整城市天然气销售价格。在调整配气价格的同时，在理顺上游居民用气增幅0.056元/立方米，一阶居民气价共计上调0.086元/立方米。按照各阶气价1∶1.2∶1.5比价关系，居民用气各阶销售价格为：一阶销售气价由现行的1.98元/立方米调整为2.07元/

立方米，二阶销售气价由现行的 2.38 元/立方米调整为 2.48 元/立方米，三阶销售价格由现行的 2.97 元/立方米调整为 3.11 元/立方米。学校、福利院幼儿园等执行居民气价的非居民用户，不执行阶梯气价，其价格在一阶居民气价基础上加 0.02 元/立方米，标准为 2.09 元/立方米。方案二对居民用户影响：对于非独立采暖用户而言，按照调整后的居民用气一阶销售价格，一阶年最高气量为 480 立方米计算，每户年增加支出 43.2 元，月增加支出 3.6 元；二阶最高气量 180 立方米气量计算，每户年增加支出 18 元，月增加支出 1.5 元；对用气量达到三阶年最高气量 660 立方米以上的用户，气价增幅 0.14 元每立方米，用气 100 立方米，增加支出 14 元。对于独立采暖（壁挂锅炉）居民用户而言，按照调整后的居民用气一阶销售价格，一阶年最高气量为 2000 立方米计算，每户年增加支出 180 元，月增加支出 15 元；二阶最高气量 1000 立方米气量计算，每户年增加支出 100 元，月增加支出 8.3 元；对用气量达到三阶年最高气量 3000 立方米以上的用户，气价增幅 0.14 元每立方米，用气 100 立方米，增加支出 14 元。

建立天然气上下游价格联动机制。为及时疏导上游价格调整因素，实行城市天然气终端销售价格与城市门站价格适时、同向调整，根据我国天然气市场化改革“管住中间、放开两头”的总体思路，建立西安市天然气上下游价格联动机制。在管道天然气上游门站价格调整或省内管道运输价格调整等引起的购气成本变动时，启动联动机制，联动周期确定为一年，若上游价格下调将及时予以疏导，上游气价涨幅低于 15％的到下一联动周期一并调整。

建立天然气季节性差价制度。针对西安市冬季高峰期用气量大幅增加，全年供气峰谷差比值过大等问题，实行旺季气价上浮，淡季气价下浮，灵敏反映市场变化的季节性差价制度。每年的 1 月、2 月、3 月、11 月、12 月为天然气需求旺季，其余时间为需求淡季。

多项配套措施保障低收入群众生活。改革方案充分考虑了群众的承受能力并采取了以下配套措施：保障低收入群众生活。调整居民气价后，对困难群众家庭生活带来的影响，将根据实际增加支出的测算情况，由市民政部门在今年调整低收入家庭生活补贴标准时一并予以考虑；对农村煤改气家庭将继续落实好相关补贴政策。

调整天然气价格分类，天然气价格由原来的居民、非居民和集中采暖三类，合并为居民和非居民两类。集中采暖用气包括小区自备锅炉用气和市政集中采暖用气按居民用气类别执行。

明确执行居民生活用气价格的非居民用户，包括学校（含幼儿园）教学和学生生活、养老福利机构、城镇社区居民委员会服务设施以及小区自备锅炉采暖、市政集中采暖，不执行居民阶梯气价，在居民用气一阶销售价格基础上加0.02元/立方米。此外，十年到期表更换费用将计入配气成本，以后用户不再另行交费。

西安天然气价格改革听证会设24名听证会参加人。消费者10名(含人大代表、政协委员各2名)，采取由消费者在规定时间内通过电子邮件报名及市消费者协会推荐报名两种方式，其中人大代表、政协委员由市人大、市政协推荐；经营者3名，由西安城投集团推荐；专家学者2名，由市价格协会、市燃气协会各推荐1名；其他相关利益方2名，由市燃气协会推荐；市政府相关部门及社会组织7名，由市发改委、市民政局、市财政局、市市政公用局、市政府研究室、西安城投集团、市消费者协会各推荐1名。此外，本次听证会设旁听席，旁听人员3名。听证会的听证要点：落实国家和省上要求，调整城市天然气终端销售价格；重新核定城市燃气配气价格；推进天然气市场化改革，建立上下游价格联动机制；推行季节性差价政策，鼓励市场化交易。听证会上，对于西安市物价局提供的两套调价方案，21人同意方案二，同时希望考虑低收入家庭生活。此外，1人同意方案一，1人不同意涨价，担心增加居民负担。

消费者表示，总体同意方案二。天然气与水电一样是市民的生活必需品，但又区别于水电。同意将天然气价格居民和非居民并轨，就应该取消阶梯气价，这样对家庭来说不合理。同时不建议建立上下游价格联动，因为上游价格变化和老百姓关注不大，一旦联动会造成老百姓价格频繁更改，会造成心理恐慌。此外，不同意居民负担季节性差价。

经营者表示，同意方案二。觉得方案二的价格整体影响小于方案一，同时兼顾了天然气企业的投入成本。建议在调整天然气价格的同时，应尽快建立天然气上下游价格联动机制和天然气季节性差价制度，利用价格杠杆削峰填谷，保证冬季供气。

西安市人大代表表示，反对居民天然气涨价，涨价会增加老百姓生活负担。客观原因造成天然气公司遇到困难，居民的困难和企业困难一起想，建议在不涨价的情况下，考虑企业困难。

西安市政协委员表示，居民气价倒挂，既不利于保障居民用气供应，也不利于天然气行业持续健康发展。两个方案的价格虽然只差了3分钱，但从长远考虑，为天然气企业能更好地运营和发展，她支持方案一。同时建议公开上游价格，民政部门也应该及时推出低收入家庭补贴政策。

专家学者认为，涨价肯定要涨，涨多少是大家关注的。希望一是加大政策宣传，让老百姓知道为什么涨；二是联动机制要尽量照顾到政策稳定性，群众接受度，调价尽量不要频繁，监督机制也要跟上；三是国有企业要承担一定的社会责任，国企有政府补贴，应该体现公益性，可以用别的途径增收，弥补天然气压力；四是民政部门要考虑困难群众用气有保障。

市物价局表示将根据每位听证会参加人的具体意见对方案进行修改和完善后，上报市政府研究审定。

（三）案例分析

公用事业价格听证是论证价格调整必要性、可行性的重要环节，也是消费者和经营者进行博弈的关键环节，不管是水电气价、交通运输价格，还是游览参观票价格、生活垃圾处理费，都与公众切身利益息息相关。公民作为社会主体有监督政府公用事业收费的权利和义务，听证会不失为一条最直接的途径。通过包括消费者在内的社会各界的参与，对涨价原因、收费标准等方面进行过问，从而使收费过程变得透明，涨价过程走向规范化，收费标准走向合理化，有效避免高收费现象的发生。同时，实行听证会制度有利于增强消费者的心里承担能力。通过社会各界共同参与价格调整的全过程，让消费者有了“知情权”，使供求双方信息对称，由知其然变成知其所以然，从而逐步构建多方互为信任和彼此协作的新机制，进而实现良性循环。

（四）案例讨论

1. 西安市天然气价格听证会的意义和不足是什么？

2. 目前我国政策制定中公众参与方面有什么问题？

3. 结合本案例，分析公共政策制定主体多元化的实现形式。

4. 听证会如何促进政府决策的科学化、民主化？

5. 结合本案例，谈谈你对完善我国在公共决策过程中实行听证制度的看法。

（五）案例主要参阅资料及推荐读物

1. 韩婧：《西安市价格听证制度中公民参与有效性研究》，西南民族大学硕士/博士学位论文，2017 年。

2. 刘丹：《公用事业价格听证制度研究》，扬州大学硕士/博士学位论文，2016 年。

3. 朱媛：《我国价格听证制度的研究》，东南大学硕士/博士学位论文，2016 年。

4.《西安天然气价格改革听证会 11 月 12 日举行》，三秦网，http：//www. sanqin. com/2018/1030/391041. shtml。

5.《西安市天然气价格改革听证会第二次公告》，《西安晚报》，http：//epaper. xiancn. com/newxawb/html/2018/10/28/content _ 353284. htm？ div=－1。

案例二：余杭中泰垃圾焚烧厂事件

（一）案例梗概

2014 年 4 月，杭州市公示了 2014 年重点规划工程项目，其中包括即将在城市西部的余杭区中泰乡建造一座垃圾焚烧发电厂项目，以解决日益严峻的垃圾处理难题。规划显示，该垃圾焚烧项目计划一期日烧垃圾 3200 吨、二期日烧垃圾 5600 吨。部分居民担心，焚烧厂所产生的烟尘，排放的有害物质会影响周边的空气、水源和土壤等，对周边居民的身体健康产生影响。对此，杭州市表示，焚烧厂的选址规划综合考虑了地理环境、城市规划和对周边交通、市民生活的影响，并承诺采用国际最先进的设施设备。但居民由于担心这些设施对身体健康、环境质量、资产价值等带来的多重负面影响，包括城西部分居民在内的群众多次集会进行抗议。2014 年 5 月 11 日在杭州城西，民众为反对杭州市余杭区中泰乡九峰村生活垃圾焚烧发电厂项目建设，封堵高速公路省道、打砸车辆。为争取公众的理解和支持，当地政府已组织城建、规划、环保等领域的专家与民众代表展开对话，并邀请全国垃圾焚烧和处理方面的专家就公众关心的问题进行了解答。在余杭区人民政府发布的通告中，政府还承诺在项目前期过程中，将邀请当地群众全程参与，充分听取和征求大家意见，以保证广大群众的知情权和参与权。

（二）案例正文

随着城市化的快速推进，我国的城市人口迅速增加，随之而来的城市化生活产生了大量城市垃圾，但当前我国城市的垃圾处理能力远低于垃圾的产生速度，许多城市的垃圾焚烧厂和垃圾填埋场一直处于超负荷运转状态，“垃圾围城”成为我国许多城市的通病，制约着城市的发展和社会的进步。

杭州市位于我国的东部地区，是一座有着悠久历史和自然魅力的名城，一直享有“人间天堂”的美誉，经济总量一直处于我国城市的前列，并连续几年被评为最具幸福感的城市之一。然而，与城市发展相伴而生的，还有城市垃圾的急剧增加。长期以来，杭州垃圾处理基本靠填埋。天子岭垃圾填埋场是杭州最大的垃圾填埋场所，1991 年投入使用时标高为 30 米，如今占地 1840 亩的填埋场标高已达 102 米。165 米就是上限，预计使用寿命已不足 6 年。杭州环卫部门有个形象描述：过去全城产生的垃圾，6 年能填满整个西湖；如今，只需要 3 年。按人口和地域分布，杭州市现有垃圾处理系统分为五个区块，垃圾处置设施包括 1 个垃圾填埋场和 4 个垃圾焚烧厂。其中垃圾填埋厂承担着杭州主城区主要的垃圾处理任务，其他 4 个垃圾焚烧厂也处于超负荷运转状态。杭州的主城区人口较多，旧有的垃圾焚烧厂已不堪重负，客观上又不具备在原地进行扩建的条件，因此建设新的垃圾焚烧厂就显得十分迫切。基于此，杭州市有关领导于 2012 年 4 月对余杭九峰垃圾发电项目进行实地调研，并于同年 8 月拟在九峰建立新的垃圾焚烧厂。

在杭州市政府看来，余杭区垃圾焚烧厂的建设十分必要。首先，杭州市出现“垃圾围城”现象。2005—2013 年，杭州垃圾年平均增长率为 10.7%。2011 年杭州市生活垃圾总量约为 261 万吨，2012 年杭州市生活垃圾产生量为 281.54 万吨，2013 年杭州市生活垃圾产生量已经高达 308 万吨。杭州市政府预测，到 2020 年，杭州市区日均垃圾产生量将高达 12000 吨。其次，杭州现有的垃圾处理方式无法满足日益增多的垃圾处理要求。现有的杭州天子岭垃圾填埋场，建设之初规划的垃圾日填埋量是 2671 吨，而目前处于严重的超负荷运转状态，日垃圾填埋量最高可达 5408 吨。同时，垃圾填埋不仅需要占用大量的土地，同时也会对周边地区的土壤和水源造成污染。此外，垃圾焚烧厂建设可以缓解杭州“垃圾围城”的现状。当前垃圾处理通行的方式主要包括焚烧、填埋和综合利用三种。但是在垃圾产生量较大、人口较多的城市，垃圾填埋所受到的限制越来越多。有关环保专家表示“垃圾焚烧的效果好、资源率高、无害化彻底”。余杭中泰垃圾焚烧场一旦建成，将是亚洲最大的垃圾焚烧场，日焚烧量将达到 3000 吨，完全可以解决杭州“垃圾围城”的现状。

2014 年 4 月，杭州市政府发布公告称将在余杭区建设一座亚洲最大的垃圾焚烧厂，以解决杭州市面临的垃圾处理难题。因为担心该项目可能带来负面影响，城西地区附近民众举行了多次抗议活动。5 月 9 日，余杭区政府发布通告，承诺在征得民众的支持和履行完相关法定手续前，一定不会施工。5 月 10 日，出现有群众封堵了省道和高速公路的情况，造成交通大阻塞，并伴有暴力行为发生。

余杭中泰垃圾焚烧厂冲突事件发生以后，杭州市政府暂停了与该项目有关的一切工作。2014年5月至11月，余杭区先后选调1000多名机关干部，进村入户走访了2.5万多人次，搜集的意见建议汇拢成500多条。2015年3月，余杭九峰垃圾焚烧厂项目顺利通过了环评调查、水文监测、地质勘探等各项工作，项目运营符合法定开工条件。为了让民众更好地了解该项目的合理性、科学性，政府分批组织4000多位市民赴南京、广州、苏州、常州等地对环境能源项目进行实地参观考察。同时，杭州市还积极邀请市民全程参与余杭垃圾焚烧项目的前期工作，充分征求民众意见，并引入了在环保能源领域专业性较强并有丰富建设和运营经验的光大国际参与项目建设，在充分保障民众的参与权和知情权的同时，也使得该项目赢得了民众的理解和支持。2015年5月，该项目最终得以顺利开工建设。

（三）案例分析

政策合法化是指经过规划的政策方案获得合法性认同和上升为法律的过程，具体来说是指法定权威主体依照法定权限和程序，通过审查、批准、签署和颁布政策等行为，使政策方案获得合法地位的过程。政策合法化体现了决策的民主性和科学性。任何公共政策都是为了解决公共问题而制定的，非合法化的公共政策不但不能解决问题，还会很明显地把问题扩大化，从而引发一系列的公共问题。在余杭中泰垃圾焚烧厂事件中，杭州市政府为了缓和公众的反对和抵制情绪，邀请国内垃圾处理领域的专家举行了沟通会，沟通会上专家表示国内垃圾焚烧技术已经非常成熟，污染物的排放指标也已达到欧盟2000标准，垃圾焚烧所产生的二噁英需累积数万年才会使人中毒，沟通会上政府也一直对垃圾焚烧厂建设的安全性进行反复解释和论证，希望消除公众对垃圾焚烧厂建设可能会带来环境污染的担忧。

（四）案例讨论

1. 该垃圾焚烧建设项目反映在公共政策制定过程中的问题是什么？

2. 专家学者、大众传媒、公众在是否建设垃圾焚烧厂的决策上起了什么作用？

3. 如何理解公共政策合法化？

（五）主要参阅资料及推荐读物

1. 冉乔艳：《论公共政策合法化的困境与路径——基于政策制定的视

角》，《农村经济与科技》，2016 年第 2 期。

2.《杭州化解“中泰群体性事件”在原址建垃圾焚烧厂》，《人民日报》，https：//www. guancha. cn/economy/2017 _ 03 _ 24 _ 400251. shtml。

案例三：草原天路收费

（一）案例梗概

“草原天路”是曾被网民评选为中国十大最美公路之一，被誉为“中国 66 号公路”。2016 年 5 月 1 日，张家口张北县政府信息公开平台发布了《张北县物价局关于草原天路风景名胜区门票价格的批复》，确定“草原天路”风景名胜区开始收取门票，门票价格为 50 元/人次。这并非“草原天路”第一次提出收取门票，2015 年 6 月，张家口物价部门就曾召开草原天路景区门票价格听证会。虽然 2015 年的收费计划搁浅，但自 2016 年 4 月 30 日起，132 公里的“草原天路”正式进入收费时代。然而，在争议声中维持了 22 天，最终被叫停了，收费政策宣告结束。

（二）案例正文

“草原天路”位于河北张家口张北县和崇礼县交界处，是连接崇礼滑雪区、赤城温泉区和张北草原风景区的一条重要通道，也是中国十大最美公路之一。“草原天路”周边还分布着桦皮岭、野狐岭、古长城等旅游景点。由张北县投资 3.25 亿元于 2012 年 9 月建设，全长 132.7 公里，属县级公路。自 2012 年建成通车以来，吸引了大批自驾游发烧友，被誉为“中国 66 号公路”。有数据显示，“草原天路”在 2015 年全年接待游客 33 万人次，最多一天达 6000 辆车次。

2016 年 5 月 1 日，张家口张北县政府信息公开平台发布《张北县物价局关于草原天路风景名胜区门票价格的批复》，景区门票为每人 50 元。5 月 8 日，《新京报》整版刊出《张家口“草原天路”全区域收费每人 50 元》的报道，并对其是否具有收费资质和定价合理性等问题提出质疑，引发公众关注。5 月 9 日至 5 月 10 日，新华网、人民网、《经济日报》、东方网等对此进行追踪评论。张北县旅游局于 9 日做出回应，称“草原天路”早已变成风景名胜区，这个程序有合法的行政审批文件，“草原天路”由张北县政府授权旅游局主管，收费全部归为政府财政收入，与其他公司没有任何关系，并表示，“草原天路”并不是一个等级特别高的公路，从别的路走完全可以通过。随后，针对张北县旅游局的回应，央视新闻、中国商网等媒体再度追问，“围城收费”后谁来进行收费监管等问题。5月11日，河北省物价局首次向媒体表态称，河北省向张北县下放部分行政权限，张北县有权制定“草原天路”的门票价格，舆情热度逐渐减退。5月21日，张北县政府通报5月23日起停止收费的通知，正式停止向游客收取50元门票费。媒体分析认为，取消收费，一方面是最近媒体高度关注的结果；另一方面，也是该景区本身的硬件设施还不够完善，无法让游客感到物有所值，游客屡次向政府部门投诉，当地政府回应舆论关切，科学评估后，最终取消此项收费政策。

关于“草原天路”收费问题主要集中在几个方面：

一是，草原天路凭什么收费？资料显示，“草原天路”在高峰期时自驾游车辆达到每天6000多辆，由于大量游客的纷至沓来，随之出现了随处停车导致道路拥堵严重、乱扔垃圾、随意踩踏庄稼、随意毁坏树木等不文明现象。并且由于基础建设、服务设施都不太齐全，因此道路上经常出现大规模、长时间的拥堵、环境资源被破坏的现象。为保持“草原天路”景区的原生态风貌，最大程度展现自然之美，充分发挥景区旅游资源特色，经张北县人民政府授权，张北县草原天路旅游开发有限责任公司联合北京宏美龙脊旅游发展有限公司进行注资扩股，开发建设，拟投资2.98亿元在“草原天路”建设游客服务中心、观景台、服务营地、停车场、垃圾点、星级卫生公厕等项目。2016年4月29日，张北县物价局召开了关于“草原天路”风景名胜区门票价格听证会。5月1日，张北县政府信息公开平台发布了关于“草原天路”风景名胜区门票价格的批复，意见称从2016年4月30日起，对“草原天路”开始进行收费。由此引发诸多网友热议，张北县物价局给出的回应理由是：“政府投入了大量建设资金，而且还在继续投资用于加强‘草原天路’基础设施的建设和维护，根据我国相关法律及张家口市物价局《关于加强我市游览参观门票价格管理的通知》(张价[2010]134号)精神，本着社会效益和补偿成本费用的原则，经听证会论证通过，并报请县政府批准，将‘草原天路’风景名胜区门票价格对外公布。”此后仍有不少群众表示反对，认为收费的做法，牺牲了公路通行功能，侵害了社会公众的权益。据媒体报道，虽然张北县官方表示“草原天路”已被评为市级风景名胜区，但在张家口A级景区名录名单中并未找到“草原天路”。如果“草原天路”尚未被认证为景区，那么收费既不合理也不合法。此外，参照国家其他A级景区收费标准和当地经济发展水平，按人次50元，是否定价过高？

二是，“草原天路”到底是公路还是景区？“草原天路”是否应该收费关键是看它的性质。如果界定为一条公路，二级公路以下都是不能收费的；如果界定为景区，性质就发生了一定的变化。当游客突破一般通行的需要，在这里参观游览从而形成大量客流，会对基础设施有非常大的需求。据了解，“草原天路”是张北县人民政府于2012年9月投资3.25亿元建设、全长132.7公里的一条县级公路，那么，一条县级公路的收费依据是什么？我国《公路法》第59条规定了公路收费的条件，即符合国务院交通主管部门规定的技术等级和规模的下列公路，可以依法收取车辆通行费：(1)由县级以上地方人民政府交通主管部门利用贷款或者向企业、个人集资建成的公路；(2)由国内外经济组织依法受让前项收费公路收费权的公路；(3)由国内外经济组织依法投资建成的公路。同时，《公路法》第58条第二款明确规定，除该法第59条规定可以收取车辆通行费的公路外，禁止任何公路收取车辆通行费。因此，从法律角度而言，利用新设景区收取门票，从而突破《公路法》禁止性规定的做法，值得商榷。同时，根据《收费公路管理条例》第18条第二款的规定，技术等级为二级以下(含二级)的公路不得收费。此外，该条例第25条还规定，收费公路不得边建设边收费。根据此前公布的“草原天路”门票价格听证会的消息，此次收费的范围涵盖“草原天路”全部区域，自西向东全长300多公里，而目前建成通车的132公里仅是一期，二期待建中。尚未建设完工的二期工程也纳入收费范围，合法性同样值得商榷。对于县级道路，任何缴纳了交通税费的人均可使用，其道路上可能提供的某些便利观赏的设施或许可以成为收费的对象，但公路本身除依法收取车辆通行费外，是无法成为设卡收费的对象的。

三是，只有收门票才能保护“草原天路”？门票绝非是解决问题和带来经济收益唯一和最佳的方案。游客在“草原天路”游览时，食住行甚至包括特产购买都是重点消费领域，如果景区能在食宿、汽车周边以及旅游商品等方面提供优质的、有特色的旅游服务和旅游产品，那么不管是经济效益还是品牌效益都极有可能远远超过单纯的门票经济。2016年“五一”之前，严重依赖门票收入的凤凰古城取消了148元的“进城费”，小长假期间游客人数明显上升，古城内商家也表示生意有所好转，票改成效显著。

四是，“草原天路”收费是否符合法定程序与规定。根据《河北省风景名胜区条例》第8条规定，风景名胜区划分为国家级风景名胜区、省级风景名胜区和市级风景名胜区……设立市级风景名胜区，由县(市)人民政府提出申请，设区的市人民政府住房城乡建设(园林)主管部门组织论证提出审查意见后，报设区的市人民政府批准公布，并向省人民政府住房城乡建设主管部门备案。同时，该条例第35条规定："风景名胜区门票价格由省人民政府价格主管部门会同财政、住房城乡建设等有关部门制定。"那么张北是否有权对"草原天路"定价？按照《河北省价格听证目录》(冀价政调[2015]282号)中第五项"利用公共资源建设景区门票价格及景区内交通运输价格"，明确听证组织部门为"省、设区市(含定州、辛集市)、扩权县(市)价格主管部门"。而张北县是扩权县，有权制定"草原天路"门票价格。由于天路涉及张北、万全、崇礼三个县区，为了便于工作的开展，张北接受万全、崇礼两个区的授权，对264平方公里的草原天路风景名胜区有管理权限。

天路风景吸引游人欣然前往，但是在游玩过程中却对环境造成了一系列负面影响。张家口当地政府要对"天路"进行收费管理，其出发点是值得肯定的，收费政策的实施确实可以起到限制游客流量的作用，利于改善景区的交通和卫生状况。此外，收取的费用也可以用于景区环境的改善和维护，这有利于解决现实存在的问题。但收取门票并不是解决"草原天路"存在问题的最佳方案，如果景区能发展起来特色沿线旅游服务，为游客提供一条住宿、餐饮、游玩的产业链，那么带来的收益可能远远比单收50元门票要高得多。

(三)案例分析

在"草原天路"收费政策的事件中，决策的初衷具有一定的合理性，如加强基础设施建设、改造和维护；以社会效益为主，适当补偿成本费用等。但决策过程中缺乏科学论证和数据支撑，其合法性受到一定的质疑。该事件涉及主体多元，包括地方政府、开发企业、景区商户、沿途居民、未来潜在的游客以及普通公众等，都是该政策的直接或间接受影响者，应完备决策程序、进一步公开决策过程，使政策更具有科学性。

(四)案例讨论

1. 谈谈你对"草原天路"收费政策的合法性和合理性的看法?
2. 结合案例，谈谈张北县政府应如何解决生态保护和道路拥堵等难题。
3. 联系实际，谈谈如何完善对"草原天路"收费问题的政策制定。

(五)主要参阅资料及推荐读物

1. 濮艳、刘翀：《法治思维与地方政府决策合法性审视——基于"草原天路"收费事件的分析》，《成都理工大学学报(社会科学版)》，2019年第2期。

2.《三问"草原天路"收费问题》，新华网，2016年5月18日。

3.《张北回应“天路”卖票“收费并非针对道路”》，《新京报》，2016 年 5 月 10 日。

案例四：G 市奖励市民拍摄交通违章

（一）案例梗概

2003 年 7 月 15 日，G 市交警部门推出奖励市民拍摄交通违章的措施，但实行一段时间后，出现了一系列问题。交警部门最终停止接受市民拍摄违章。民众在质疑这一举措的合法性、合理性以及可行性的同时，应反思公共政策出台的程序。

（二）案例正文

G 市交警部门推出一项奖励市民拍摄交通违章的措施：从 2003 年 7 月 15 日起，市民可以在业余时间拿起相机对发生在身边的交通违章行为进行拍摄，并向 G 市公安局交通警察支队提交相关证据（照片及底片等）进行举报，经过核实确认后就会获得一定的奖励。这是 G 市公安局交通警察支队推出的一项交通管理新措施。

新措施的出台是为了进一步加强道路交通管理，消除交通事故隐患，充分调动群众参与交通管理的积极性，发挥人民交通人民管，形成人人遵守交通规则的良好氛围，为 G 市创造安全畅通的交通环境。G 市公安交警部门根据《中华人民共和国道路交通管理条例》的有关规定，决定从 2003 年 7 月 15 日起，在 G 市试行市民拍摄交通违章奖励办法，并公布了《关于奖励市民拍摄交通违章的通告》。

《通告》规定，自愿参加拍摄活动的市民必须符合一定条件和承担相应的法律责任，并与公安机关签订《拍摄交通违章承诺书》后方可参与。承诺书要求符合条件的市民必须承诺：遵守国家有关法律法规规定；如实并按《通告》要求提供照片（含底片），照片能清晰反映车辆号牌、车型、违章行为及路面参照物，违章发生时间必须以照相机功能在照片上显示为年、月、日，并可作为处罚违章的依据；不伪造、合成或以其他方式提供照片，确保资料真实性、合法性，绝不虚假，否则，本人将依法承担相关法律责任；如公安部门依据本人提交照片做出的行政处罚引起复议、诉讼，本人将配合公安部门承担举证责任；相片采用解释权归 G 市公安局交通警察支队；本人对不被采用的照片不索取任何费用或要求退回。同时，《通告》对拍摄人员资格、拍摄对象、拍摄路段、拍摄违章种类、照片要求、提交照片的期限、奖励办法等相关事项做如下规定：拍摄人员需年满 18 周岁、具有完全民事行为能力以及 G 市户籍；拍摄对象为在 G 市注册登记的机动车辆。奖励办法：拍摄人员提交的照片经交警部门审核确认后，在违章行为发生后的下一个月 20 日给予拍摄人员每宗 20 元奖励。对于多人拍摄到同一宗违章行为的，只奖励第一时间提交照片的拍摄人员。市民的拍摄行为必须依法进行，任何提供虚假照片骗取公私财物，或者利用所拍摄的照片敲诈勒索的，公安机关将依照有关规定予以处罚。《通告》由 G 市公安局交通警察支队负责解释，并不定期公布增加的拍摄路段、拍摄违章种类等内容。

G 市市民对此反响热烈，截至 9 月 1 日，共有近 400 名市民报名登记，参与活动的市民提交了大量车辆违章照片，公安交警部门初步采用照片达 3 万多张。该活动引发的关注不仅限于 G 市，从 7 月中旬到 9 月初的一个多月里，全国陆续有北京、上海、郑州、鹰潭等城市推出了类似措施。奖励市民拍摄交通违章的措施出台后，一度引起叫好声一片。据了解，活动开展以来，G 市 20 多条试行路段的车辆违章率明显下降，交通秩序有所好转。

与此同时，拍摄交通违章的市民队伍也在壮大。在 G 市各大路口或天桥，手拿照相机紧盯车流者随处可见。该措施出台后，一些有商业头脑的人迅速行动起来，配上专用相机，守在最佳路段，几乎做到了以此为业。甚至有人一天就交了 220 张有效照片，一天就有 4000 多元收入。某大学计算机专业一学生，从 7 月 20 日开始，到 8 月底已经有 400 张照片被采用，一个多月收入 8000 元。部分拍摄者涉嫌造假敲诈、违规拍摄，引发了市民尤其是司机的不满。有甚者，有司机投诉称，有人站在路边的非机动车道示意停车，当他在路边停下后，却不见人，后来才发现那人正站在车后左拍右拍。有些路段属车辆违章高发区有极佳的拍摄位置，吸引了许多拍摄者，这些人挤在一起，反而阻碍了道路畅通。而且因为拍摄地点集中，照片容易重复，为了抢交照片，往往有人在午夜 12 点开始在交警队门口排队，对交警队正常工作产生很大影响。许多出租车司机也承认，此措施对他们的确起到了威慑作用。不少出租车司机反映：每天开车提心吊胆的，看见相机就胆怵。

很快，交警部门还是发出了暂停通知。负责人对暂停拍摄的原因做出解释：一是前段时间积压的照片太多，需要集中一段时间处理；二是活动开展一个多月引发了一些始料不及的新问题，也带来很大争议。有专家认为，公民有参与公共管理的权利和义务，但是参与范围应该有严格的限制。允许市民拍摄交通违章，实际上造成执法部门把部分执法权授予了普通公民。警察有合法的执法基础，但是市民拍摄违章就缺乏必要的司法程序的支持。并且，事实证明，让渡给市民的这部分执法权很容易被滥用。这样，执法权就变成了合法的伤害权。也有专家表示，监管职能不能随意委托授权。让市民拍摄交通违章，客观上推掉了执法部门的责任。按照依法行政的原则，执法应该坚持保障相对人权利的原则、程序原则、公正原则和法定职责原则，市民拍违章显然有悖法律精神。从法理上来说，包括处罚权在内的行政执法权属于公权，公权不得随意委托、滥用、扩张、售出。公民参与管理公共事务必须依照法律规定进行。《中华人民共和国道路交通安全法实施条例》中明确规定，只有公安交通管理部门才是维护道路秩序的主体。而且，公民参与管理公共事务更重要的是参与其中的决策过程而不是执行过程，也就是说，应该在措施出台前广泛咨询公民的意见，集思广益，以制定一个适合于长远发展的制度。

（三）案例分析

高质量的公共政策是对政府执政能力与水平的重要检验。科学合理的公共决策机制有利于减少决策中的偏差与失误，提升决策的整体质量和水平。公民参与公共决策的价值既有理论支撑亦有现实意义。在决策的科学化、民主化进程中，需要不断完善决策程序、民意表达、公众参与等机制。

（四）案例讨论

1. 你对G市市民拍摄交通违章的合法性与合理性是如何看待的？

2. 该案例反映出的主要问题是什么？当前在政策制定中决策程序方面有哪些需要完善和改进的方面？

3. 联系实际，谈谈如何进一步完善我国的公共决策机制。

（五）主要参阅资料及推荐读物

1. 周伟：《当前我国公共决策机制存在的问题及对策》，《中国党政干部论坛》，2017年第8期。

2. 曾国平、王福波：《论公民参与视角下我国公共决策机制的完善》，《云南社会科学》，2008年第3期。

第七章　政策执行

★需理解的知识点及案例分析目标

理解公共政策执行在政策过程中的意义。掌握政策执行的内涵、过程、原则、主要方式，以及执行过程中的相关主体。理解政策有效执行的条件、影响因素，分析如何优化政策执行。应用相关知识分析实践中的政策执行遇到的障碍及其成因，并能提出完善的对策。

第一节　内容概要

一、公共政策执行概述

政策执行界定为一个动态的过程，它是政策执行者通过建立组织机构，运用各种政策资源，采取解释、宣传、实验、实施、协调与监控等各种行动，将政策观念形态的内容转化为实际效果，从而实现既定政策目标的活动过程。

政策执行是政策过程的中心环节，是实现政策目标最重要的活动。没有政策执行，政策目标就是纸上谈兵，政策问题也就得不到解决。其意义在于：政策执行是实现政策目标的中心环节，政策的主要目的不是研究问题而是解决问题；政策执行的高效率和高质量是政策方案圆满实现的根本保证；政策执行是检验政策质量的重要途径，同时是后继政策制定的重要依据。现代公共政策科学的基本任务可以表述为：如何正确地制定政策和如何有效地执行政策。

在公共政策的执行以及整个实施过程中，必须遵循一些基本的原则。一是合法、公正性原则。政策执行必须依法定职权进行，遵守法定程序，并接受法律、法规和政策的约束，同时要维护政策的严肃性、权威性、原则性和稳定性；坚守公平正义的原则，在政策面前人人平等，政策执行者不能根据一己好恶和情感亲疏而区别对待；政策决策者、政策执行者和接受者都是平等的，在政策面前既应同等受益，也应履行同等义务，而不允许以权谋私和逍遥法外。二是权变性原则。政策执行主体在执行政策时，必须客观、适度、符合理性的要求，但在有政策和法律规定的前提下，有时为适应变化了的新情况或意外特例，需要变通执行，是原则性与灵活性的有机结合。三是系统性原则。坚持系统的整体观念，运用系统方法，全面推行政策，发挥政策的整体功效；强调政策执行中的沟通与协调，实现执行机构与执行人员思想认识与行动的协调一致。四是时效性原则。政策方案一经采纳就要及时果断地付诸执行，超过必要的时限或错过相应的时机，政策问题和政策环境就可能产生变化，使政策及其执行失去意义，甚至使政策问题恶化或激化，同时，要及时监督控制，反馈信息，以随时掌握执行情况，果断地做出政策调整或执行策略、技术的改进。

二、公共政策执行过程与方式

公共政策执行是一系列前后相继的复杂的行为过程：不仅需要在政策执行中做好一系列的准备工作，依靠“试点”为政策的全面推行提供经验，需要有效的政策宣传为政策提供良好的环境和推动力，还需要在执行过程中实施正确的指挥，做好各种协调工作，对执行活动进行严格的监督和控制，以保证执行活动能够按照政策方案的要求顺利进行。主要有：执行准备，指制定行动计划、落实组织人员、筹备物资经费、制定必要的管理制度等；政策实验，指一项新政策在正式推广之前，先使用较少的人力、物力、财力和其他社会成本，在较小的范围和较短的时间内付诸实施；政策宣传，指政策的公布和政策方案的解释、说明；指挥协调，指将政策目标任务、方案、计划分派落实到具体的部门、单位和工作人员，通过协调减少各方面的摩擦和冲突；监督控制，是政策执行过程的保障机制和保障环节，预防政策执行偏差的有力工具，及时发现失误、纠正偏差。

公共政策执行的方式，是执行政策必需的政策资源、工具、措施、方法，是政策执行的途径和中介条件。政策执行可采取的措施，按照内容和对政策对象施加影响的性质、作用的不同而有所差异，各种方式互相补充、相辅相成。一是行政方式。是政策执行最基本的方法，是行政机关采用行政规章制度、命令或指示、组织纪律等行政方式执行公共政策。其特点在于：约束力强，它以命令、指令、规定、条例等形式出现，以行政处罚作保证，具有一定的权威性和强制性；准确性高；发挥作用快；依照行政系统、行政层次的隶属关系，进行自上而下管理具有纵向性特点。二是法律方式。是指通过各种法律、法令、法规和司法程序审判、仲裁的方式保证政策执行，具有严格的强制性、相对高的稳定性及普遍的约束性。三是经济方式。是指运用一系列与价值相关的经济利益范畴，作为经济杠杆来组织调节和影响社会经济活动，促进政策的实施，主要有财政手段和货币金融手段，具有利益性、调节性、和间接性等特点。四是思想诱导工作。指运用宣传、舆论、说服、谈心、协商、对话等方式做政策对象的思想工作保证政策执行。它具有对象上的多元性、方式上的协调性、作用上的宏观控制性等特点。

三、公共政策执行与适用主体

公共政策能否充分发挥效力，与广大的政策对象有着直接的关系。公共政策的制定主体、执行主体和适用主体三者处于一种平等而互动的角色位置，三者不是自上而下的单一视角，而是双重视角的互动。公共政策的适用主体，是公共政策执行主体在实施公共政策过程中所发生影响和作用的承受者，是关系政策能否成功执行的一个重要因素。政策适用主体通常表现为：个人；有组织的团体(如家庭、厂商、机构、一群共同工作或行动的人等)；地理上、政治上的区域(如社区、防洪区、禁建区等)；实体单位(如房屋、道路、厂房、车辆等)。适用主体特点在于：具有政策规定性，任何政策方案都界定了政策适用对象的范围；适用主体能动性，表现为接受或不接受一项政策；适用主体的受动性，有可能为了避免惩罚而接受政策；适用主体的主观差异性，由于受政治、社会影响的程度不同，自身利益的局限，以及观念、习俗、信仰的差异，在对政策的反应上，呈现出多样化的趋势。

四、公共政策执行的有效性

在实际运作中，政策的执行总会遇到这样那样的干扰和影响，从而影响到政策目标的实现。一是政策本身。主要包括政策的权威性、合理科学性、明确性、具体性、可行性以及稳定性与连贯性。二是机构的因素。政策执行机构自身的价值标准、行为能力、团体氛围等都成为决定政策执行效果的重要因素，包括组织机构的层级与幅度、命令与服从体系、分化与整合程度等。三是人的因素。政策执行者对政策的认同、投入、较高的政策水平和管理水平等都是政策有效执行的重要条件；政策相关人员所涉及的范围、构成和价值取向对政策的执行产生影响。四是政策外的因素。包括政治的、经济的、社会的环境条件，社会的文化背景和传统，与政策相关的技术水平等。

因此，公共政策有效执行需要具备一定的条件。一是适宜的环境。包括政治经济环境、社会心理环境等。二是良好的适用主体。三是必要的政策资源。包括经费资源、人力资源、信息资源、权威资源等。四是完善的执行机构。五是正确的执行策略。六是与其他政策的关系。

公共政策执行是一个系统的、完整的体系，是指承担公共政策执行任务的机构与人员所形成的组织体系以及规范公共政策执行活动的各种制度的总称，改善公共政策的执行，必须从系统的角度加以思考。包括优化公共政策执行主体人员和组织，完善政策执行方法和程序，畅通信息的沟通，加强控制机制，等等。

第二节 案例分析

案例一：深圳“禁摩限电”政策执行

（一）案例梗概

为了缓解交通压力和降低交通事故发生率，2016 年深圳市出台“禁摩限电”整治政策。一系列公告在网络上掀起轩然大波，加之整治活动开展后扣押了大量的电动三轮车和快递服务车等状况，影响到民众生活。这场初衷良好的政策行动深陷执行困境。

（二）案例正文

截至 2015 年 9 月，深圳市的摩托车、电动自行车数量达到 400 万辆，意味着在不到三个的深圳住民中，就有一个人是使用者。一方面，如此庞大的“摩电”数量加剧了城市的交通拥挤，地方政府迫切认识到解决该问题的必要性和紧迫性。另一方面，2015 年因涉摩涉电而引发的交通事故同比上升 37%，而涉及对摩电车辆和车主的投诉有 1500 多条。很多车随意在人行道上行驶，无视交通规则，随意闯红灯甚至逆行，严重造成交通秩序混乱，引发交通事故。

深圳早在 1997 年为缓解交通拥挤状况开始实施“禁摩”。2007 年，深圳市公安局决定全面实施禁摩；2009 年，深圳市公安局从 9 月 15 日到 12 月 24 日期间展开 100 天的禁摩整治活动；2012 年 4 月，深圳市交警部门依据相关安全条例依法在深圳部分公路实施限制电动自行车行驶的措施，明确要从之前单纯的“禁摩”增加“限电”内容。根据深圳市交警部门统计，在2013年度共查获79272辆摩托车和324920辆电动车；2014年，深圳市“禁摩限电”政策被包含在“民生实事”项目中，民众对此的反对意见激烈；2015年7月深圳交警局发文公告，要求电动车车身自重不超过40公斤、最高车速不超过20公里/小时、电瓶最大电压不超过48伏，否则上路者就要面临200元的处罚。全市禁行马路高达664条，占整个城市公路网的90%以上；2016年3月21日，交警部门又开始了新一轮的整治，集中整治总计历时为10天，各单位共查扣电动车17975辆、拘留874人、采集非法拉客人员771人次。在实施该政策以来，交警部门前后整理发布了14条限行通告，限电的区域包括522条限行道路，22个限行片区以及1条严管示范路，且主要是集中在主次干道、公交地铁覆盖高的区域。

该项政策初衷是保障民众交通安全，打击非法营运，但网络上却出现了许多不同的声音，指责政策“一刀切”；对“禁摩限电”政策的科学性、合理性以及重要决策的公开性、合法性提出了强烈的质疑。受到冲击最大的是快递公司。据调查显示，10%的网民中立，认为政策顺利执行的前提是要出台相关法规、开展教育来引导公民，获得公民的认可和支持；支持者占比达到15%，主要是从交通安全和城市发展的角度来综合考量。而反对者中，认为政府从自身角度出发，为减少管理难度选择“一刀切”的方式，占比达到18.0%；14.1%的网民无法忍受地方政府在政策执行过程中的暴力执法；11.3%的网民更加关注自身的基本权利，认为该项政策破坏了自身的利益，影响了他们的正常生活；9.6%的网民则认为地方政府为追求更高绩效和面子工程；8.0%的网民认为“缺乏事先的沟通”，没有举行听证会；3.9%的网民认为这一政策缺乏公平性，政策执行对象只是针对普通的老百姓，而对于那些开轿车的采取宽容政策；3.3%的网民认为这一政策无法从源头上解决问题，要想摒弃摩电，不是要禁止它的行驶，而是要去禁止它的售卖和生产；3.0%的网民指出他们根本就无法知晓政策执行过程，他们不知道自己被收走的车去了哪里；而2.4%的网民则认为地方政府在没有完善公共服务设施的前提下就想实行“禁摩限电”是不可能的。

应对网络舆论的压力，交警局的发言人在记者会上表示他们的行动是有法律依据的，即依照《深圳经济特区道路交通安全管理条例》第36条规定；并列举了很多统计数据，指出因为摩电的不合理整治而引发愈加严重的交通事故和投诉，基于城市管理的需要，行动迫在眉睫。2016年4月1日下午，深圳市交警局与邮政、快递等相关主管部门和六大快递企业进行了座谈、协商，提出四项措施：增加5000辆备案电动自行车配额；取消两年一次的特殊行业电动自行车的备案审核；尽快开发“二维码”管理系统，实现动态备案和规范管理；适当延长“过渡期”，帮助相关快递企业尽快消化库存快件，主动清理违规车辆。

（三）案例分析

政策执行受阻的原因是多方面的，可能来自政策执行主体、政策本身、目标群体等。作为政策执行主体的深圳市地方政府部门在“禁摩限电”行动中暴露问题，如执政方式是否妥当、如何进行良好的事前沟通、如何平衡不同利益主体的矛盾等。在“禁摩限电”政策执行中，直接利益相关者表现为电动自行车和摩托车车主，以及相关产业的从业人员，间接利益相关者包括一些乘客，及出租车和私家车主。对于乘客而言，考虑到经济压力和交通的不便捷性，对他们的生活造成了影响，他们是反对该项政策执行的。在政策执行过程中一些无利益相关者，他们可能持中立的态度，也可能受舆论的影响。因此，政策执行中，应全面分析政策的目标群体，有效地分析利益相关者，加强政策宣传与沟通，推进政策的顺畅执行。

（四）案例讨论

1. 深圳“禁摩限电”政策在执行过程中遇到了什么阻力？
2. 你如何评价深圳的“禁摩限电”政策？
3. 你认为政府和目标群体该如何达到“共赢”？

（五）主要参阅资料及推荐读物

1. 贺东航、孔繁斌：《公共政策执行的中国经验》，《中国社会科学》，2011年第5期。

2. 定明捷：《中国政策执行研究的回顾与反思（1987—2013）》，《甘肃行政学院学报》，2014年第1期。

3. 陈家建、张琼文：《政策执行波动与基层治理问题》，《社会学研究》，2015年第3期。

4.《快递爆仓后，深圳“禁摩限电”往何处去》，新浪网，http：// finance. sina. com. cn/roll/2016-04-04/doc-ifxqxcnz9102494. shtml。

5. 徐慧：《基于目标群体的公共政策执行阻力研究》，南京理工大学硕士/博士学位论文，2018年。

案例二：校园欺凌防治政策

（一）案例梗概

为加强对校园欺凌事件的预防和处理，2016年国务院开展专项治理与防治。专项行动与集中治理收获了较好的治理效果，但区县层面的政策执行仍存在较大的改进空间。本案例借助“霍恩—米特”分析模型，从政策目标与措施、执行机构特征、执行工具、执行人员的倾向性及环境因素等角度阐述F省C县校园欺凌防治政策的执行过程与效果，思考当前校园欺凌防治政策的执行情况、影响因素、原因及进一步完善校园欺凌防治政策执行等问题，形成对政策执行要素与条件的系统认识，加深对政策执行及其有效性的理解。

（二）案例正文

F省C县概况。F省C县位于中国东部沿海，地处闽南金三角中心结合部，现有中小学46所，其中，中学8所、小学38所，职业技术学校、特殊教育学校1所，公办幼儿园11所，民办幼儿园81所，形成了涵盖幼儿教育、义务教育、高中教育、职业教育及成人教育的较为完善的教育体系。

近年来，C县教育局根据上级文件精神，从关心维护未成年人的身心健康角度出发，积极开展各种活动，对校园欺凌进行了较为有效的预防和宣传教育。其具体做法包括：要求各校开展专题教育，利用国旗下讲话等机会向学生宣讲什么是校园欺凌，有何危害，以及如何预防和应对；邀请公安、司法人员或法律顾问等到学校举行主题讲座；开展主题班会；通过“家校沟通平台”加强宣传教育和家校联系；要求各校完善相关规章制度，形成《校园欺凌应急处置预案》，校长、分管副校长定期组织行政人员参加专题会议，明确各部门、相关人员职责；加强学校内部及周边巡逻，加强重要时间、重要场所的行政值班和巡查工作；增加高清监控设备，加强保安巡视频率，尤其是厕所、学校角落等隐蔽处，从物力、人力方面提升校园欺凌防治能力。

此外，2013年C县检察院、教育局、妇联、县团委等几个部门在省级青少年维权岗的基础上，一起挂牌成立“外来务工子女维权中心”及“留守儿童维权中心”，该做法为省内首创，曾受到上级有关部门的高度重视。随着近来校园欺凌专项治理的开展，该维权中心的职能有所延伸，服务内容不再仅限于外来务工子女及留守儿童的权利维护，也囊括了校园欺凌事件中的有关维权事务。C县教育局还着力打造“学校安全教育平台”，提高学生安全意识，开展防治校园欺凌专题活动。

2016年以来，校园欺凌事件引起国家层面的极大关注，国务院总理李克强多次强调“学校应该是最阳光、最安全的地方”，“要建立防止校园欺凌的有效机制，及早发现、干预和制止欺凌行为”。为此，国务院教育督导委员会办公室、教育部等国家部门相继发文，C县所属的Z市教育局根据上级要求对校园欺凌治理做出了规定与调整，并结合当地具体执行情况，颁发了地区性政策文本。国家和Z市在政策文本中，均要求开展校园欺凌专项治理，通过专项治理，加强法制教育，严肃校规校纪，规范学生行为，促进学生新生健康，建设平安校园、和谐校园。为实现政策目标，Z市计划从动员部署、专项治理、提高总结、督查指导四个阶段推进学校开展校园欺凌防治工作，并对每一阶段的任务安排做了具体的要求，试图通过人防、物防、技防三方联动，法制教育、道德教育、心理教育三管齐下，教师家长协同合作，教育惩戒相辅相成，达到防治校园欺凌的目的。

然而在政策的实际落实中，执行者却产生了疑惑，最大的问题就是哪些行为算是校园欺凌行为，现有的政策文本的界定太过于笼统。无疑，校园欺凌问题本身便具有相当的复杂性，不同的人很可能对此有不同的意见与看法。尽管国家在发布的政策文本中将其界定为“发生在学生之间蓄意或恶意通过肢体、语言及网络等手段，实施欺负、侮辱造成伤害的行为”，但Z市则并未做出明确的描述或解释。

为了更好地落实校园欺凌防治政策，C县分管副局长组织成立了工作执行小组。其中，教育局副局长统领全局；德育股主要负责行为规范教育、法治教育、心理健康教育等相关活动的开展，以实现校园欺凌行为的预防；未保办主要负责问题解决，对已经发生的校园欺凌事件进行处理；安全科则主要负责通过人防物防技防，即通过增强保安巡逻、加强隐蔽角落的监控等手段发现和预防校园欺凌事件的发生。此外，为了避免和减少由于信息多次传递造成的内容流失和曲解，各中小学及职校校长也被纳入执行小组，必须出席有关工作会议，以商讨、明确任务安排，充分把握政策落实情况，实现各级组织之间的有效衔接。有关调查显示：60.78%的执行人员认为自己“非常符合”或“较符合”地“采取了有效防治校园欺凌”的措施，其余39.22%的成员则选择“一般”；有92%的执行成员表示自己在“校园欺凌的特征及防治措施”相关知识上需要加强。“国旗下讲话、班会课等开展专题教育”(100%)，

“加强法制教育、加强学校人防物防技防建设”(96.08%)，“提高教师、家长等对其危害性的认识”(72.55%)仍是执行者较为认可的具体工作措施，只有25.49%选择了“加强心理健康教育、建好心理咨询室”。事实上，执行小组在采取具体的防治措施时似乎陷入了困境。大部分学校还是采用一些常规性的办法，没有什么针对性。

根据F省《关于落实校园欺凌专项治理工作月报制度的通知》，C县教育局要求每所学校的负责人须于每月8日前将电子版校园欺凌专项治理工作月报表报送至县教育局未保办。各校填写时须遵从实事求是原则，尤其不得逾期不报或隐瞒不报，一旦发现将予以全面通报。月报表中除包括填报单位、时间、负责人及联系方式等基本信息外，还包含本月校园欺凌事件发生数，其中接受举报发现数及构成刑事案件数的具体数值，本月校园欺凌事件主要处理方式、程序和效果等。此外，C县教育局也会在年中(6月)和年末(12月)进行督察，市教育局也会组织督查组进行复查，并将复查情况面向全市通报。从2016年5月开始，C县正式建立了校园安全工作例会，校园欺凌作为校园安全的一个重要模块也得到了关注。例会的主要内容包括前一阶段工作情况的总结与经验交流、新文件或精神的传达和学习、下一阶段的工作安排等。据了解，工作组例会规定每个月中旬召开一次，但是在实际情形中，会议次数会有一定的变动。C县教育局主要通过每月提交月报告、每学期末的个人工作总结、会议考勤及年末的学校综治安全目标管理工作督查对执行小组成员实施考核。在会议考勤方面，小组成员如果有其他事已无法参加的话，须事先提前告知小组秘书，但在这方面并不是很严格，也不作为最终的考核参照。此外，从2016年下半年开始，C县在年度校园评比中，规定在校园欺凌问题上实行一票否决制，即学校一旦发生重大校园欺凌事件便失去评优评先资格。同时，对于评上“平安校园”的学校，教育局层面会给予1万元奖励。

C县在校园欺凌防治工作上的经费基本有较好的保障。当前除了教师培训有专门的教师培训经费，以及政府在保安人员及设施设备投入上有专用资金外，专项治理政策并没有提供专门的治理经费。这些经费均包含在生均公用教育经费内，学校根据具体情况安排和使用这些经费。除了传统的讲座、会议和国旗下讲话等方式，利用学校的宣传栏或公告栏张贴相关海报、文章等也是使用较多的手段。有些学校还会通过张贴横幅或在LED显示屏滚动标语进行宣传教育，也有学校通过教育局网站或学校网站进行宣传。随着自媒体的发展，微信公众号也愈发受到关注。学校微信公众号的关注群体主要是学生家长及其他社会人士，通过公众号转发一些校园欺凌防治的方法，宣传学校开展的校园欺凌防治活动，也是一种有效方式。

C县目前已蝉联九年省县域“经济发展十佳县”。得益于蓬勃的经济发展，当地的教育经费投入有较好保障，2015年平安校园创建资金投入461.04万元，2016年为856.04万元，投资金额翻了近一番，为各校保安人员及设施设备提供了有力的支撑。学校的生均教育经费也较为充裕，在全省基准定额基础上，C县提高50元标准，即普通小学每生每年700元、普通初中每生每年900元标准。国家对青少年法治教育的大力推进，对校园欺凌防治工作起到了一定的促进作用。在校园欺凌防治过程中，C县要求教师在班会课时间利用市教育局编写的《与法同行 健康成长》小读本，进行普法宣传与教育。同时，C县教育局、法院、检察院、公安局等多部门还共同成立青少年法治教育中心，建有一个教育展厅、五个中心（QQ微信疏导中心、禁毒教育中心、务工人员子女维权中心、留守儿童维权中心、心理辅导中心），集普法教育、犯罪预防、心理辅导为一体，对校园欺凌问题的预防起到了重要作用。近两年，C县开始重视家庭教育，试图通过提升父母的教育观念来影响当地的文化氛围，主要方式有：聘请高校家庭教育方面的专家学者为教师和家长进行培训，开设系列的家庭教育课程；学校会通过家委会这一平台，组织家长共同学习家庭教育方面的书籍；C县文化宫还有其他社会爱心人士也会自发到学校组织开展一些家庭教育相关活动。网络媒体的发展也为大众意见表达、需求表达提供了广泛的平台，强化了舆论监督的力量，同时也促进了C县政府、学校对校园欺凌防治政策的执行及校园欺凌问题的处理。

（三）案例分析

在霍恩—米特模型中，政策执行受多个因素的影响，并且这些因素之间相互影响，直接或间接地影响政策的执行效果。政策执行的效果直接受到执行工具、执行机关的特性、执行人员倾向性及系统环境这四类因素的影响，而政策的标准和目标、政策资源则对执行效果有间接影响。在系统环境影响下，执行机关的特性与执行者在执行方式的选择上会产生相互影响、相互作用，进而产出不同的政策效果。总之，政治执行的过程及其效果是多因素共同作用的产物，这些因素相互作用、相互制约，使整个政策执行过程呈现出多维的动态性与复杂性。

C县校园欺凌防治政策执行案例中，首先，政策文本对于“何为校园欺凌”界定不清，由于缺少准确明晰的划分，执政者在具体实施政策时存在盲点，无法及时、有效采取针对性强的行动措施，制约了执行者工作潜力的发挥。尽管在防治校园欺凌时，各级组织选用了不同的执行工具，但自身知识储备的不足以及考核机制不完善、奖励机制低效用、学习培训欠缺导致的激励机制运转不良，致使政策执行者的执行能力与工作动机均没有得到充分开发，很大程度上制约了政策执行效果。从系统因素方面来看，法律层面约束力度不强，惩戒措施缺乏，执行者在执行过程中显得力不从心。传统“报喜不报忧”观念，以及部分家长教育意识的匮乏，在客观层面上加大了执行者贯彻政策的难度，反过来挫伤了其工作积极性。此外，部分媒体在报道校园欺凌事件时为博眼球，常放大有关事件的细节，造成社会恐慌；同时，这些不良信息的传播也很可能引起少数学生的跟风模仿，间接扩大校园欺凌的态势。此外，系统环境也对执行机关的组成架构、执行人员队伍力量的活力和专门知识以及机关享有的政治支持程度产生影响。

为了克服当前校园欺凌政策执行中的不足，可以从以下方面做出改进：一是厘清概念，制定行为清单。针对“何为校园欺凌”这一复杂而又模糊的问题，制定者可借鉴国外反欺凌政策的制定经验，由国家组织专家团队厘清校园欺凌的概念、类型、常见形式、频发场所等，为基层执行者及一线教职工提供有效的参考和依据，形成明确的认识和理解。这不仅有利于明确学校与政府的责任范围，更有利于政策的有效执行、监督与评估，提升政策执行效果。二是完善政策，积极推进立法。目前，美国、英国、日本、挪威等都在立法层面对校园欺凌防治工作提供了支撑，使得对于未成年人的法律惩治与司法处理更具针对性、可操作性。而我国目前的政策重点主要集中在宣传教育层面，惩罚机制相对薄弱。为此可适当加大对于此类事件的惩罚力度，对性质极其恶劣、后果极为严重的欺凌事件考虑追求其刑事责任，提高欺凌成本，从而形成威慑。三是完善机制，有效考核激励。工作考核机制的不健全在一定程度上制约了政策效果的发挥。为此，可尝试从完善考核指标体系、设置不定时抽查、建立网上评价机制等方面加以探索，明确考核标准，拓宽学生、家长、教师的参与途径，形成更为科学、合理、客观的考核评价模式。此外，也可以适当加入个人奖励机制，以精神、物质激励相结合的方式调动执行者的工作积极性，收获更好的政策效果。

（四）案例讨论

1. 校园欺凌防治政策的诱发原因是什么？

2. 政策执行者在落实政策中，遇到的首要问题是什么？如何解决？
3. C县的政策执行工具包括哪些？是否存在不足？
4. 执行者的倾向性如何，对于政策的执行有影响吗？
5. 环境因素有哪些？是否存在问题？
6. 如何进一步完善校园欺凌防治政策的执行？

（五）主要参阅资料及推荐读物

1. 胡春光：《校园欺凌行为：意涵、成因及其防治策略》，《教育研究与实验》，2017年第1期。

2. 孟凡壮、俞伟：《我国校园欺凌法律规制体系的建构》，《教育发展研究》，2017年第10期。

3. 王秋华：《校园欺凌防治政策执行研究》，华东师范大学硕士/博士学位论文，2018。

4. 杨岭、毕宪顺：《中小学校园欺凌的社会防治策略》，《中国教育学刊》，2016年第11期。

案例三：教师交流政策执行策略

（一）案例梗概

近几年，我国义务教育校长教师交流轮岗政策颇受关注。学者们提出教师交流中存在诸多矛盾，对交流轮岗制度存在认识误区和偏见，对政策的总体满意度较低，交流轮岗中面临着政策认识不统一、体制机制不完善、经费投入不充足等问题。且在不同县域，教师交流政策执行程度差异很大。执行策略对教师交流政策执行力度有不同的影响，需要思考该项政策未来推广及优化的策略。

（二）案例正文

校长教师交流轮岗政策是我国出台的一项旨在均衡师资配置、推进义务教育均衡发展的教育政策，即在义务教育阶段，由县（区）教育行政部门组织区域内公立中小学达到规定工作年限的校长、教师在城镇学校和乡村学校、优质学校和薄弱学校、中心学校和周边学校之间合理、有序交流工作的一项教育政策。

进入21世纪，为了加快我国从教育大国向教育强国、从人力资源大国向人力资源强国的转变，改善现阶段城乡、区域教育发展尚不平衡的局面，推进义务教育均衡发展，保障所有适龄儿童接受公平而有质量的义务教育成为新时期义务教育的战略性任务。《国家中长期教育改革和发展规划纲要(2010—2020年)》提出："实行县(区)域内教师和校长交流制度。"2013年，党的十八届三中全会将实行校长教师交流轮岗作为统筹城乡义务教育资源配置、办好人民满意教育的一项重要举措，进一步提升校长教师交流轮岗工作的重要性和紧迫性。2014年，教育部出台了《关于推进县(区)域内义务教育学校校长教师交流轮岗的意见》，提出"力争用3至5年时间实现县(区)域内校长教师交流轮岗的制度化、常态化，率先实现县(区)域内校长教师资源均衡配置"，校长教师交流轮岗成为我国深化教育改革、推进义务教育均衡发展、促进教育公平的必然举措。

教师交流政策在全国刚刚推行，尚处于起步阶段，各地落实和执行政策的态度和力度均有所差别，东、中、西部呈现出四种不同的政策执行策略。

一种是按兵不动策略：没交流。

X省A县地处黄河沿岸，自然地理条件相对优越，文化氛围浓厚，以发展农业为主，主要农作物有玉米、水稻、土豆和枸杞等，是个典型的农业县。截至2012年底，A县的城镇化率只有40%，同全省平均城镇化水平接近。2012年经济总量为67亿元，地方财政收入2.6亿元。当地百姓对教育非常重视。然而，当地教师大多习惯带自己原来的学校，并不愿意接受交流，甚至对交流政策有强烈的抵触情绪。教师不愿意交流的原因来自家庭和学校两个方面，主要是离家近、生活方便、单位人熟、照顾孩子上学等因素。实际上，在新的专门的教师交流政策出台之前，县域内也存在教师交流。原有的校长交流、城乡帮扶、支教政策等一直存在，虽然这些交流形式也纳入了"交流轮岗"范畴，但其执行程度却与政策要求存在一定差距。因为按照新的政策要求，教师交流主要是指"人走关系动"的模式，即教师交流到哪所学校，其人事关系也需要跟随调入哪所学校。正是教师的这种"不配合"，将A县推入了"没交流"的尴尬局面。

一种是选择性过渡策略：浅交流。

Y省B县教师交流政策在2012年启动，开始之时采取支教的形式开展交流。随着近几年国家开始强制推行教师交流政策，当地教育局也成立了"教师管理中心"，出台了"县管校聘"实施方案。资料显示：一方面，B县教师主流心态是"进城"，即很多老师想从乡镇学校调动到县城。因为，很多乡村教师"居住在城，工作在乡"，每天处在"工作生活异地化"的状态中。所以很多教师想调到县城，期待“工作生活同地化”，不仅更加便利也能节约时间和交通成本。另一方面，当前的教师交流政策却鼓励教师从城镇学校交流到乡镇学校、从优质学校到薄弱学校。教师期待与政策期待之间存在着明显的冲突。根据教师交流政策要求，所有符合条件的教师都需要纳入交流，但B县并没有按照此标准设计，尽管在“县管校聘”的文献中出现了这样的表述，但实际上并没有按照文件执行，只是将近两年招聘的新教师纳入了“县管校聘”的管理模式中。在B县的六种教师交流模式中，只有骨干示范教师模式在交流对象上符合骨干教师要求，其他交流模式，并没有选择“骨干教师”作为交流对象，只选了那些有职称需要的年轻非骨干教师。即便是“骨干教师示范”模式——不定期到各乡镇学校开展示范教学等活动，在交流中也存在“浅交流”的问题。国家政策期待的一般交流年限为三年，而B县的这一模式要求“至少在乡镇学校连续工作一年”。如果只是交流一年的时间，对于教师而言，仅刚刚适应当地的文化氛围、摸清当地的教育需求、找到孩子的“最近发展区”；对于孩子而言，频繁更换教师也不利于其长期发展。B县的这种政策执行策略，是一种介于“完全不交流”和“彻底调动人事关系”之间的模式，是一种对教师交流政策的“本地化变通”。

一种是刚性彻底策略：强交流。

刚性彻底策略是指地方政府完全按照上级的政策规定，在本地强行推进教师交流工作。这种策略在现实中表现出明显的政府强势、行政主导特点。学校、教师、家长等其他利益相关者缺少必要的话语权。与B县同属一个圈层的Q市(县级市)就采取了这种策略。该市的“市管校用”工作实施方案的工作目标部分就写道：“全面实施教师市管校用，完善教师聘任制度和管理制度，建立教师退出机制，打破教师交流轮岗管理体制障碍，建立校长教师交流轮岗常态机制，每年轮岗交流人数不低于应交流人数的20%。有效使用有限的教师资源，实现教师的均衡配置，彻底改变我市教师岗位和人事工资关系不一致现象。全员竞聘上岗三年一次，调动教职工工作积极性，实现优师优教。”其具体做法是：第一，核定全市每所公办学校的教职工岗位。根据国家编制标准结合本地情况，采用师生比、班师比相结合的办法核定教师编制。比如Q市的教师岗位设置中就给出了2015年小学岗位设置参考标准的几种情况：(1)每个年级以单班为多数的，按班师比1∶3设置；(2)每个年级为双班以上的，按班师比1∶2.5设置；(3)学生人数在1000人以上的，按国家标准师生比1∶19设置。经过岗位和定制之后，各所学校的岗位冗余和空缺情况就清楚了。第二，主要根据地理区位和办学质量将全市的学校划分成五个学区。每个学区有1—2所相对优质的学校，囊括邻近的乡镇，包括5—7所学校不等。第三，公布各所学校和各个学区的空缺教职工岗位。各位教职工首先在学校内部竞聘上岗，然后可以在学区内竞聘，最后可以跨学区竞聘上岗。缺编学校一般都在本学校竞聘上岗，超编学校会有部分教师到学区内其他学校或者学区外其他学校竞聘空缺岗位。第四，学区内部平衡不了的落聘教师将在学区之间协调，最终没有竞聘上岗的教师，将挂靠市教育局教师管理服务中心，在这里接受培训，培训之后仍然应聘不上岗位的，进行辞退。第五，转岗之后按照新岗位核定工资，待岗教师奖励性绩效工资停发。对于Q市这种全方位改变全市教师政策生态的做法，一线教师们非常被动，工作推进的难度可想而知。

一种是柔性强制策略：深交流。

Z市位于长三角发达地区，是苏南地区经济重镇，外来随迁子女数量较多，而且增速较快，近几年当地义务教育学校在校生规模始终持续增长，并且维持较高的增长率。然而，近几年S省Z市却在“双重吸引力”的作用下形成了“教育洼地”[①]效应，当地教育资源供给呈现出非常紧张的局面。在这样的地区，如何让教师流动起来，均衡配置教师资源，问题变得非常特殊和棘手。Z市教师交流当作盘活存量、促进义务教育均衡的有效抓手。在Z市的教师政策执行实践中，教育局长的确进行了一些执行设计，交流考虑了多种形式。比如，普通老师，就在片区内交流；提拔的老师，远一点；评定职称、评级评优，交流得再稍远一点。义务教育段，人走关系走。回避交流，双方有一方或双方都是行政干部的，必须分开；一对夫妻在一个学校的，必须分开。照顾性交流，年纪大了，五十多岁了，近一点的交流。还有惩罚性交流，各方面表现都不行，远一点。

（三）案例分析

就执行策略而言，有按兵不动策略、选择性过渡策略、柔性强制策略、刚性彻底策略等，不同政策执行策略为我们呈现了教师交流政策落实过程的多样性和复杂性，政策执行的重要性、所需资源的充足性、政策问题的紧迫

① “教育洼地”用来表示人口净流入地区的教育学位猛增、聚集的态势。在人口净流入地区，一方面存在“务工吸引力”而附带产生的教育需求；另一方面还存在“教育吸引力”作为独立因素产生的教育需求。这种“双重吸引力”会使更多外来人口想把他们的孩子送到这里读书，从而使人口净流入地区成为一个被双重力量推动的“教育洼地”。

性等都会影响策略发挥作用的空间。从政策执行中的冲突来看，前两种策略的冲突较少，因为这两种方式没有触动太多教师的切身利益，少数交流教师也获得了经济补偿或者评职称需要的条件，这些因素决定了这种模式的冲突相对较少。而后两种策略存在的冲突可能性较大，因为这两种执行策略带有一定的强制性，对教师的岗位变动、身份归属、提拔升迁、工资绩效等最为敏感的领域进行了强制性调整。这当然容易引起教师的不满，特别是那些总体收益可能会减少的教师。从政策推进的快慢程度看，显然，两种强硬的政策执行策略推进较快，但政策效率不能等同于政策效果，推进得快未必带来较好的政策效果。

（四）案例讨论

1. X省A县教育局长对当地教师的“不配合”持什么态度？这会对政策执行产生什么样的影响？

2. B县为什么会选择执行这样一种“过渡性策略”？

3. Q市的做法“强”在哪里？

4. 从Z市教育局长的谈话内容来看，当地是如何实现“深交流”的？

5. 在落实其他政策时，是否也会衍生出不同的执行策略？能否举出一到两个例子？

（五）主要参阅资料及推荐读物

1. 姜超：《教师交流政策执行策略比较与反思——基于四县的实地考察》，《基础教育》，2019年第4期。

2. 张清宇、苏君阳：《校长教师交流轮岗实施方案中的问题与改进策略——基于35个区（县）校长教师交流轮岗实施方案的内容分析》，《教师教育研究》，2017年第6期。

3. 朱敏、吴新刚：《对教师轮岗制政策失真现象的反思》，《教学与管理》，2011年第6期。

4. 李芬：《我国地方政府公共政策执行策略研究》，《财经问题研究》，2016年第2期。

案例四：城市社区建设政策执行不同模式

（一）案例梗概

当前城市社区建设愈发受到重视，国家不断通过政策鼓励、资源分配的方式推进社区建设。比较北京A社区、上海B社区以及深圳C社区在城市社区建设政策执行中的差异，反思其治理结构，思考如何形成政府、市场与社会三者结合的有机整体，发挥多元主体对于提升政策执行效果的积极作用。

（二）案例正文

为了保障社区建设政策的推进，北京、上海和深圳等地配套相关的财政资金并规定了资金使用细则。社区建设目标是推动基层党建和激发社区自治活力，因此配套资金主要包括社区党建经费和社区自治经费。北京，每个社区居委会都能够获得大约15万元党建经费和10万元自治经费，共计25万元社区建设资金，这笔经费的使用管理由街道办事处负责；上海，每个社区都能够获得10万元党建经费和10万元自治经费，共计20万元；深圳，每个社区的社区建设资金能够达到50万元。如何用好这笔钱成为落实社区建设政策的关键环节。

一是，行政主导式：北京A社区。

20世纪90年代中后期开始，北京市以街道和社区居委会为治理核心的基层治理结构逐渐形成。2003年以来，中央政府的民生转向和社会稳定导向的社会政策，开始对社区治理产生巨大的影响。作为政治中心的北京，基层社区问题关涉社会稳定和基层政权建设。为了更加有效地执行各种政策，基层政府在现行法律允许的条件下构建起一个能够深入到社区居民的治理结构。A社区是一个典型的新建商品房社区，先后建立了社区工作站、流动人口工作站、各类社区服务型组织机构。同时，A社区也在街道办事处的指导下，开始构建了与业主委员会、物业公司、辖区单位联合建设的“治理网络”。为了推动社区自治、强化社区建设，A社区也支持各种社区群众组织、楼门长体系、社区社会组织的成立，其动员模式仍然是建立在行政推动的基础之上，社区民主的自治活力相对不足，社区民众缺乏参与社区事务的体制、机制和渠道，社区民众与社区工作者、管理者之间在体制、机制上是分割的。社区工作者缺乏有效的激励，社区建设处于一种“空转”状态。

二是，政社合作式：上海B社区。

在创建社区服务体系、基层街道管理社区化改革的基础上，上海强化对基层政府的财政支持力度，构建以街道为核心的基层治理体系，同时大力培育孵化社会组织参与社区建设。2012年，随着各个试点工作的开展，上海市已经总结出了一套社会组织参与基层治理的制度、程序、办法和工作机制，上海市社会组织数量开始大幅增加。截至2014年10月底，上海市登记注册的社会组织共有12191家，其中市级社会组织1859家，区县级的社会组织10332家。上海鼓励社会组织发展的改革，为B社区治理结构的更新提供了政策窗口。当社区治理创新成为政绩考核指标之后，浦东新区的各个街道则展开了治理创新的“锦标赛”。以B社区为例，2010年其所在街道提出了“社会管理社会化、社会管理民主化、党的建设整体化”目标，在这一思路指导下，B社区逐步形成了一种具有鲜明“行政吸纳社会”特征的基层治理结构。B社区是典型的商品房社区，为每年20万元的社区建设资金使用设计了渠道，通过引入社会组织、第三方评估解决了财政资金的使用评估问题。社区自治项目的审批权和评审权掌握在街道办事处，有效避免了可能产生的财务风险。与北京A社区相比，上海B社区的做法虽然让社区建设资金得以使用，但是社区居民仍然缺乏有效参与。

三是，政社共治式：深圳C社区。

深圳自1981年以来，共进行了8次行政体制改革。深圳的行政体制改革精简了机构和人员，加强了政府治理能力和调控能力，促进了“小政府、大社会”格局的形成。行政规模的缩小促进了基层政府、社会组织和社区居民之间共治结构的形成。从2004年到2008年，深圳大力推进社会组织管理改革，从而在一定程度上激发了深圳社会活力。2009年，深圳大部制改革共取消、调整和转移284项职能事项，这些事项政府通过购买社会组织服务的形式与社会组织对接。深圳在转变管理方式、规范秩序并进行监督管理的同时，降低社区社工组织注册成立的门槛、取消社会组织的上级挂靠行政单位，让社会组织具有一定程度的自主性，深圳社会组织发展空间随之拓展，社会组织的独立性和自主性得到增强。在基层社区，深圳形成了“社区＋义工”的治理模式。以C社区为例，党群服务中心社区居民提供14类专业化的社区服务。社区服务中心向社工机构购买专业化服务。通过2年的时间，C社区首先将法律赋予居民的自治权利，通过居民自治公约的方式进行确认——构建了系统化的社会居民代表大会制度，经过居民同意并以此为基点开始推动基层民主监督。2013年5月12日，C社区居民代表大会通过了

《社区居民自治章程》并开始直选居民代表、设立居民决议会，建议社区建设资金由居民决议会进行监督管理，决议会对社区重大事项按照罗伯特议事规则进行表决。在C社区，居民代表大会由选举产生的100名居民代表构成，这100名代表再投票产生31名议事委员。居民决议会在整个C社区的管理运行中发挥了巨大作用，除了负责社区幸福资金的预算和决算，也负责对社区社会组织、社区服务中心的运行绩效进行考核，并负责审批各类社区自治资金使用情况。居民决议会和居委会之间的区别在于，决议会是讨论决定钱怎么花，但钱在居委会账上，由居委会执行和保管“幸福资金”。社区社会组织、志愿者组织申请社区建设项目经费，有议事会进行监督管理。具体的社工机构、义工的管理都由社区服务中心和居委会负责，并对接上级政府的行政事务。

(三)案例分析

有效的政策执行，不单依靠行政管理，更有赖于治理结构的完善与社会多元主体的有序参与。社区建设在本质上是一种集体性事务，缺乏社区民众的有序参与和监督，单纯依靠行政力量或简单引入社会和市场机构的参与难以真正落实社区建设的政策目标。在A社区，行政力量主导维持了社区秩序但也抑制了社区居民的自治活力和资源获取渠道；在B社区，尽管街道办事处增加了大量财政支出，通过引入社会组织参与促进社区自治和建设，但是社区民众作为政策的受益方，依然被排斥在社区建设资金的评估和考核之外；在C社区，政府通过民约章程、直选代表、议决合一和明细权责等制度设计，建构了一个共治式的治理结构，基层政府、社区党群服务中心、社工机构和社区居民之间形成了一个完整的闭合政策链条，提高了治理效率。

(四)案例讨论

1. 北京市A社区治理结构的特征是什么？这对政策执行来说有何利弊？

2. 上海市B社区的实践模式需要哪些条件？与成本相比，收益如何？

3. 深圳对于社会组织的管理与上海有何不同？在具体执行政策时，体现出了什么样的区别？

4. 综合三地实践，为什么同一政策在有些地方得以有效执行，而在另一些地方失效？

5. 如何看待社会组织、居民在当今社会治理中的角色与作用？

（五）主要参阅资料及推荐读物

1. 葛天任：《治理结构与政策执行：基于3个城市社区建设资金使用案例的实证研究》，《中国行政管理》，2018年第7期。

2. 彭晓帅：《相机选择、利益博弈和公民参与社区治理困境》，《云南行政学院学报》，2015年第6期。

第八章　政策失效

★需理解的知识点及案例分析目标

理解政策失效的内涵、表现及原因。应用相关知识分析实践中政策执行过程中失效的不同表现，以探索防止和应对政策失效的策略。

第一节　内容概要

公共政策失效是政策科学研究的一项重要内容。探讨政策失效问题，找到有效的治理政策失效的办法，对政策实践和政策科学研究，都有着重要的意义。

一、政策失效的内涵

政策失效，是指决策方案在实施过程中遇到抵触，不能完全按决策方案的设计执行下去，决策执行结果不同程度地偏离了预定目标。政策失效不仅意味着政策不能发挥其应有的作用，造成政策投入的浪费，而且往往给社会造成巨大的破坏，危害公众的利益，损害政府在公众中的威信。政策失效，依据出现的时间和程度轻重，有早期失效、偶然失效和耗损失效；以时间变量作为衡量的标尺，政策失效可分为早期、中期和后期失效；以程度为衡量标尺，可分为严重、轻度、完全和部分失效；以持续变量为衡量标尺，可分为突变、间歇和渐变失效；还有政策正效力偶然失效(或叫政策正效力局部失效)、政策正效力全面失效、政策负效力等。

二、政策失效的表现及原因

通常政策失效主要有以下几种表现：一是政策表面化，即政策在执行过程中只宣传不实施，政策未得到具体落实。二是政策扩大化，政策在执行过程中附加了不恰当的内容，使政策的调控对象、范围、力度、目标超越了既定的要求，从而影响了原有政策目标的实现。三是政策缺损，一个完整的政策在执行时只有部分被贯彻落实，其余的则被遗弃，使政策内容残缺不全。四是政策替换，政策在实施过程中表面上与原政策一致，事实上背离原政策精神的内容。五是政策“贪污”，政策在自上而下的传递过程中，被中途截留，政策内容不能传达目标群体和利益相关人。

导致公共政策失效的原因有很多，包括政策自身的结构要素、政策环境和政策条件、政策实施的组织和人员、政策实施的技术和手段等。应对公共政策失效的对策，可以从以下几个方面着手：规范公共政策的制定，提高相关人员素质，做好政策落实，建立有效的政策控制机制，完善法律、法规，加大处罚力度，健全政策执行的体制环境等。

第二节　案例分析

案例一：D县留守儿童政策的“异化”执行

（一）案例梗概

贵州省毕节市几次留守儿童安全事件引发广泛关注。从2012年起毕节市设立专项资金投入留守儿童问题治理，迄今为止已经投入约1.7亿元，与此同时，基层也有大量的人力投入治理留守儿童问题，但成果有限。这一方面与留守儿童问题本身的复杂性有关，另一方面则直接与政策执行相关。本案例所描述的毕节市D县，有专门针对留守儿童的文件，部分乡镇还有一定的政策创新。但在现有政策中，有的留守儿童档案、家访等完成度高，对留守儿童进行心理辅导、作业辅导以及在留守儿童之家中定期开展活动等政策目标完成度较低。也有将留守儿童的安全问题放到了最重要的位置，将教学任务置于次要位置等情况。政策执行异化的问题直接影响了政策目标的实现，本文分析其背后的原因，以规避由于执行偏差导致的政策失败。

（二）案例正文

D县位于高原山地向低山丘陵的过渡地带，中部地势略高，喀斯特地貌，地形复杂，该县耕地面积少，生产率较低。复杂的地理环境提升了造桥修路的成本，直接影响了D县的交通情况。2012年12月31日，D县才建成第一条过境高速公路，2016 年 10 月 25 日第一条铁路正式运行。D 县现有户籍人口 97.27 万人，常住人口 64.95 万人，县域内没有大型企业，整体就业机会较少，城镇登记失业率 4.03%。2015 年，D 县人均生产总值为 24371 元，仅为同期全国人均国内生产总值的一半(49992 元)。2015 年，D 县常住城镇居民人均可支配收入 22320 元，农村常住居民人均可支配收入 6974 元，同期全国数据分别为 31790 元与 10772 元。D 县数据显示，截至 2016 年 9 月 26 日，全县共有留守儿童 22405 人，其中城镇留守儿童 316 人，外县留守儿童 877 人，本县农村留守儿童 21212 人，占比 95%。该县留守男童与女童比例基本持平；95%就读于乡村学校，远远超过城镇留守儿童；6—13 周岁留守儿童为 17616 人，占比 79%，是比重最大的年龄分布阶段；93%的留守儿童由(外)祖父母监护，6.46%的孩子由亲朋监护，无人监护的留守儿童由所在村委会委托村民进行监护。相较于普通家庭，留守儿童家庭一般存在着一定程度的经济困难，这也是其父母选择外出务工的主要原因。

作为劳动力输出的西部大省之一，贵州省留守儿童问题存在已久。D 县受地理环境限制，基础设施和经济发展落后，许多劳动力前往东部沿海省份务工，产生了数量庞大的留守儿童群体。2010 年开始，留守儿童作为三关爱对象之一被纳入政策视野，但相关工作并没有受到足够的重视。2012 年 11 月，4 名留守儿童因寒冷而躲进垃圾箱生火取暖、后吸入过多一氧化碳致死的事件在社会上掀起轩然大波。舆论重压下，毕节市政府投入大量专项资金，承诺全力治理留守儿童问题。此后，当地开展了以学校和村委会为单位的摸排行动，建立档案，针对一些重点儿童发放了物资，对部分乡村学校的基础设施也进行了改善和修建。2015 年 7 月，毕节市七星关区田坎乡 4 名儿童自杀。毕节市再次被置于舆论压力之中，同年 7 月 31 日，当地政府发布《市教育局关于迅速组织开展留守儿童排查建档工作的紧急通知》，要求各县、乡镇重新开展排查，务必采集每一位留守儿童信息，对处于困境中的儿童要重点关爱保护，并保持了一星期一次的数据更新进度。2016 年 2 月，《国务院关于加强农村留守儿童关爱保护工作的意见》出台，为留守儿童治理提供了第一个纲领性文件。D 县据此发布了学习宣传贯彻工作方案，后又出台《D 县关于加强农村留守儿童关爱保护工作实施方案(征求意见稿)》，强调要注重落实家庭主体监护责任，建立全民关爱体系，进一步推动留守儿童问题的解决。2018 年要完成“万名心理健康辅导教师培训计划”，到 2020 年减少一大批留守儿童。

留守儿童问题是一个复杂的系统性问题，其治理过程也需多方参与。D县的治理体系中，乡村学校及教师与村委会工作人员是政策执行的两大主体。由于D县88%的留守儿童处于6—16岁这一年龄段，因此，学校自然成为这一政策主要执行者。然而，尽管政策推行力度很大，责任追查也非常严格，但在执行过程中，仍在存在着不少问题，主要表现在以下几个方面。

一是“选择式”执行。国务院出台的《国务院关于加强农村留守儿童关爱保护工作的意见》中提出总体目标：家庭、政府、家庭尽职尽责，社会力量积极参与的农村留守儿童关爱保护工作体系全面建立，强制报告、应急处置、评估帮扶、监护干预等农村留守儿童救助保护机制的有效运行，侵害农村留守儿童全市的事件得到有效遏制。到2020年，未成年人保护法律法规和制度体系更加健全，全社会关爱保护儿童的意识普遍增强，儿童成长环境改善，安全更有保障，儿童留守现象明显减少。D县现行的治理留守儿童的政策文件中，将以上三个次级目标进行了细分，并给出了详细的操作方案，主要分为两个部分：健全完善档案，实时动态管理，要求学校与村委会定时更新留守儿童信息统计表，保证每位留守儿童档案资料齐全详细，实时动态的信息追踪；关爱工作，包括强化安全管理，强化情感抚慰，强化资助工作，强化学业辅导，强化行为养成，同时对保障措施提出要求，指出要加强留守儿童工作的领导，积极学习相关政策文件，推进基础设施建设等。由于几次出现留守儿童安全事故，D县留守儿童工作的重心在于保证留守儿童的安全。作为政策执行者的老师主动进行家访和安全隐患排查，在较为敏感的时期，家访次数都达到一周一次，并且会在课堂上向学生反复强调安全的重要性。与此同时，学习辅导、心理健康辅导、丰富校园文化生活等内容却在一定程度上被忽视，并没有得到全面、彻底的执行。

二是“象征式”执行。D县《关于做好农村留守儿童信息排查工作的紧急通知》中，明确规定农村留守儿童实行“一人一档案”管理制度，留守儿童个人档案中应该包括《贵州省留守儿童基本情况登记表》《留守儿童帮扶责任书》《留守儿童监护三方协议书》《D县留守儿童风险等级评估表》《留守儿童家访记录》《留守儿童帮扶记录表》《留守儿童课外活动记录表》《留守儿童成长记录表》等，其中《留守儿童家访记录表》《留守儿童课外活动记录表》《留守儿童谈心记录表》《留守儿童成长记录表》需要不断更新。这是家访之外最占用时间的工作，繁忙时期要保持一周一更，常态化之后，也必须保证一个月两次的更新速度。通常而言，农村班级主要授课教师为两名，这两名老师不仅要完成授课任务，还需要全权负责班上所有留守儿童的相关工作。这耗费了教师们大量的时间和精力，因此，在政策执行中，部分老师会在家访时带上多余的外套，在拍照时多拍几张，用作下一次家访记录；也有老师会在一次家访中携带多张表格，家访时请留守儿童监护人一次给这些表格盖上手印，下一次就不用亲自去家访。《留守儿童谈心记录表》通常是老师自己填写，缺乏实质的谈心过程，不同记录表上的内容存在大量重复的现象。除了平时做资料之外，在寒暑假期间，老师们也必须做好资料的填写工作，并且还要本人亲自在规定时间内将资料交到学校。留守儿童档案中的所有资料，全部需要一式三份，分别交由老师、学校以及乡镇保存，同时还要定期汇总和更新向上级部门报送。在D县，每所乡村学校都要求必须设立留守儿童之家，留守儿童之家中必须配备图书、乐器、游戏玩具等设施，同时还要配备专业的老师，指导他们的课余文化生活。但在实际操作中，留守儿童之家并没有发挥该有的作用，大多处于空置状态，一些学校的留守儿童之家甚至堆放了许多打扫工具，书籍、乐器等并没有得到妥善保存。多数留守儿童并没有去过留守儿童之家，也有孩子表示曾经在上级检查的时候叫自己去玩过，还拍了照。

三是“鉴证式”执行。迫于强大的舆论压力，政府不得不需要一些“证据”来证明自己在留守儿童有关问题上的“作为”，也就因此对“有痕”政策执行提出了更高的要求。对于老师而言，家访以及填写各种资料是能说明自己负责最有力的证据。在老师的家访过程中，每一次都要与留守儿童及其家长拍照，甚至在家访前还要打电话询问是不是在家。如果到了留守儿童家，监护人不在，老师会一直等到监护人回来之后拍照再离开。

（三）案例分析

在留守儿童的治理过程中，乡村学校是主要的行动主体，也是政策执行的主体。从政策执行的情况来看，人手不足是学校方面遇到的困难之一。除了例行的信息和安全排查工作之外，按照政策要求，学校还要定期开展文化活动，课余时间要开放留守儿童之家，并主动联系社会力量进行资助。但在实际操作中，许多学校并不具备这样的条件和实力，人力和财力资源上面临双重稀缺。事实上，留守儿童工作的开展，也给教师个人带来了身心的双重挑战。另一方面，内容单一、重心偏离、浮于表面的监督在一定程度上抑制了政策执行监督机制效用的发挥。

（四）案例讨论

1. D县的具体政策目标与中央的政策目标有何异同？为什么会存在差异？

2. D县的留守儿童政策中涉及多种政策措施，其中哪些得到了落实，哪些没有？为什么会出现这种情况？

3. D县为什么呈现出“鉴证式”的政策执行？其动因与目的分别是什么？

4. 你怎么评价D县留守儿童政策的执行效果？为什么？

5. 可以从哪些方面提升D县留守儿童问题的治理效果？

（五）主要参阅资料及推荐读物

1. 杨丰溶：《“规避型”异化——D县留守儿童政策执行问题研究》，华南理工大学硕士/博士学位论文，2017。

2. 王玉香、吴立忠：《我国留守儿童政策的演进过程与特点研究》，《青年探索》，2016年第5期。

案例二：D镇精准识别工作中的变通行为

（一）案例梗概

精准扶贫政策是我国新时期推进贫困治理进程，实现国家资源公平有效分配和公共服务均等化，改善贫困户生活面貌，促进农村社会经济发展的有力举措。我国的扶贫治理经历了从瞄准贫困区域到贫困县，再到贫困村和贫困户个体，不断细化和下沉扶贫对象，确保扶贫资源能够准确有效地传递、配置和落实。然而，政策落实中，基层政府会出于对政策意图和目标的不同解释而采取不同的执行手段和方式，政策变通屡见不鲜。陕西省D镇在精准扶贫工作中的政策变通，虽然在某种程度上维护了自身的利益以及乡土社会的稳定性，但最终结果却偏离了精准扶贫政策的初衷。如何理解和规避这种现象，对于提升政策执行效果有深远意义。

（二）案例正文

D镇位于陕西省C县的西南部，距离县城中心21公里，辖区面积56平方公里，是C县南部区域的中心镇，经济基础相对较好，两条省际高速公路和一条城内公路穿境而过，交通比较便利。该镇共有两个贫困村，一个已于2016年脱贫，另一个计划于2017年脱贫。农户的主要致贫原因是自身发展动力不足，缺少项目、资金和技术支持等。2017年4月，D镇响应省级政府工作安排开展了为期一个多月的大规模精准扶贫数据清洗核查工作。扶贫对象数据清理结束后，共有在册贫困户1273户3433人(占全县7%)，最终确定了建档立卡贫困户1314户3587人(占全县的6.2%)，包含已经脱贫41户154人(占比1.2%)。2017年年底扶贫工作总结考核后，脱贫147户534人，新增18户64人，返贫5户19人，最终核定贫困户1320户3639人(其中未脱贫1132户2951人，已脱贫188户688人，贫困发生率为7.46%)。

根据与县委、县政府签订的目标责任书，2017年D镇脱贫总规模为147户534人，并于年底顺利完成全镇脱贫目标任务。一是，基础建设方面，2个贫困村完成投资440万元，新建群众文化活动广场800平方米，基本实现了各个行政村都有文体广场的目标，安装路灯50盏，樱花道路2条6公里，群众出行条件和生活环境得到极大改善。在异地扶贫搬迁和危房改造上，以建档立卡贫困年人口搬迁脱贫为重点，确定了4个集中安置点并于2017年10月全部达到了入住条件，254户贫困户全部搬迁进新的扶贫移民安置点。在危房改造上，50户C、D级危房户已完成改造任务，从根本上解决贫困住房安全问题。二是，产业项目发展方面，全镇发展元胡17200亩、乌药1000亩，覆盖贫困户888户，拉动投资4816万元，预计总收入达8256万元，人均可增收1193.6元。成立了19个村级扶贫互助合作社、18个农民专业合作社、7个家庭农场，共吸纳社员1450户，贫困户入社率90.86%，收交股金97.1万元，流转土地2300亩。通过项目实施带动377户贫困户发展中药材种植、92户贫困户发展养殖。三是，社会保障事业方面，确保所有建档立卡贫困户一户不落地参加新型农村合作医疗和养老保险，参合率及大病保险参保率100%。组织镇卫生院成立全科医生服务团队建立服务团队包户责任制，以建档立卡贫困户为重点，以进村入户、上门服务、签约等方式服务，每月至少到贫困户家中开展1次上门服务，累计上门体检1298人次，所有建档立卡贫困户全部签约了“家庭医生”，签约率达到100%。同时，在精准扶贫实践过程中，该镇面临的脱贫困境还体现在：一是，贫困户主体作用不明显，“等着送小康”的懒汉心态、“靠人来救济”的依赖观念和“要钱还要物”的功利想法仍有存在。二是，特色种养殖业发展滞缓，除元胡、水稻等种植业外，猪、牛等大家畜养殖周期长、资金投入大，抗风险能力差成为快速见效益的难题。三是，部分特殊群体脱贫压力较大，一些无劳动力、无资源、无稳定收入的贫困户，既不能定为低保户或五保户享受国家兜底政策，也不能很好地发展产业，政府的帮扶措施难见成效。

“扩面增户”的贫困户“识别”。2014 年 6 月，根据省扶贫办、省统计局、国家统计局山西调查总队关于印发《全省农村扶贫开发建档立卡工作方案》的通知精神，结合本县实际，C 县制定下发了关于组织实施《C 县农村扶贫开发建档立卡工作方案》的通知。此次农村扶贫开发对象建档立卡工作覆盖全县 18 个乡镇，调查对象为全县所有农村户籍人口。根据全省统一标准，贫困户识别执行 2013 年农民人均纯收入 2875 元(2010 年 2500 元不变价)的省级农村扶贫标准，同时识别出国家扶贫标准 2013 年农民人均纯收入 2736 元(2010 年 2300 元不变价)以下的农村贫困人口。贫困村、行政村识别按照省 2013 年全村农民人均纯收入低于全省平均水平 60%(3901.8 元)以下，行政村无集体经济收入的“一高一低一无”标准执行。农村扶贫对象包括扶贫开发对象和低保对象，其中民政部门已识别的农村低保对象，这次全部纳入扶贫对象并建档立卡。扶贫开发对象是以户为单元，家庭主要劳动力在 60 岁以下、有劳动能力和较强的脱贫愿望、处于扶贫新标准线以下的农村人口。按照“户主申请、村民小组提名、村民代表评议和票决、村委会审查、镇人民政府审核、县扶贫办复核、县人民政府审批”的工作程序和方法进行。全县以省级扶贫标准下建档立卡的 9.7 万农村贫困人口规模为基数，各镇将贫困人口识别规模分解到各村，最终 D 镇确定了建档立卡贫困户 1568 户 4451 人，后期的扶贫开发工作也是基于这个数据展开的。

然而，在建档立卡工作识别初期，D 镇政府并没有完全领会和把握政策内涵与执行精神，沿用过往的经验逻辑将此次建档立案工作视为一次“争取项目资金”的机会——适当扩大贫困户规模可以争取到更多的扶贫资金。因此，D 镇政府就在正式建档立卡工作开始前，私下决定摸底，根据各行政村摸底的情况认为大致合适的贫户名额仅有 1420 户 4031 人。这与 D 镇最终确定上报给县级部门的数据信息并不一致，而“多出”的 148 户贫困户就是这次扩面增户工作的产出结果。在摸底工作结束后，D 镇辖区内人口最多的行政村村干部三番五次到镇政府“讨说法”，表示部分群众对分配的名额不满意以及自身工作难以开展。这名干部认为，自己本村的人口最多，但给的贫困户名额还没有个别偏远村给的名额多。实际上，该村由于处于镇域内较核心的区域，周边有高速公路，地理位置比较优越，自身的发展基础相对较好，因此下达的贫困户名额并没有其他村庄多。人口多，名额却不多，在分配时就出现了问题和困难。在召集村民申请和评议贫困户时，他的工作遇到了极大的阻挠，村里的一些群众不断地到村干部家里闹事，甚至消极不配合，不参加村内的公共事务，以此来做出抵抗。因此，D镇为了安抚农户，缓解村干部的工作压力，又在摸底后适当增加名额的基础上，再次调整，经过两次的修改和调整，最终形成了“1568户”的上报数据。

被“塑造”的贫困户。2017年4月初，陕西省扶贫办安排了全省扶贫对象和实际数据清洗工作，其目的是在原有贫困人口建档立卡工作的基础上进一步摸清和完善贫困户相关信息(包括基本信息、收入情况、致贫原因、发展医院和帮扶措施等)，做好数据的审核、备案和录入工作，要求对辖区内所有行政村及农村户籍人口实行全面普查，并于6月10日前完成全省信息录入及数据清洗工作。数据清洗工作的标准有两个：一是保证贫困家庭的基础信息真实准确；二是数据信息与其他的指标间无逻辑关系错误。贫困户识别标准是根据家庭年人均纯收入和“两不愁、三保障”等指标认定。省级扶贫标准为3015元(2010年2500元不变价)，国家贫困标准为2855元(2010年2100元不变价)；“两不愁、三保障”即吃穿不愁(包括安全饮用水)，义务教育、基本医疗、住房安全有保障，农民人均纯收入按照低于3015元(2010年2500元不变价)的省级扶贫标准执行。根据陕西省的政策要求，建档立卡在册贫困户的脱贫退出须同时具备以下条件(简称户四条)：①家庭年人均纯收入超过扶贫标准(2010年不变价2500元)；②有安全住房和安全饮水；③无义务教育阶段辍学学生；④家庭成员全部参加新型农村合作医疗和大病保险。对于基层政府而言，其他的识别条件都是可见可查、没有可更改余地的，而收入情况则具有较大的不透明性和可操作性，因而贫困户的识别和退出，收入的核算和测量就成为关键的一步。陕西省扶贫政策要求对农民的收入和基本信息调查由乡镇政府统一组织，必须要进行入户实地走访摸底——即由基层政府负责具体落实开展扶贫对象核实和数据清洗工作，并进行进村入户调查和信息采集。而D站基层政府采取的方式通常是——基于现实情况进行大致的估计，即将有据可查、有账可查的数据如实统计填写，再根据土地和人口数量大致估计其他收入，以此来应付烦琐的收入核实工作。想要精确统计收入本身就不是一件容易的事情，农民的收入来源是多样化的，既有种植养殖收入也有外出务工的收入，一些收入也并不稳定，有很大的弹性。对于上千户的农民家庭，上级政府也不会挨家挨户地去检查，偶尔地随机调查个别农户核实信息，基层政府也会有自己的应对策略，一般是提前“打招呼”和“做工作”，告诉农户基本的回答方法和技巧，大多数农户出于维护自己贫困户的利益和怕麻烦的心理会选择配合。此次数据清洗工作实行逐级报备规则，省上要求6月底之前完成全省的信息录入和数据清洗工作，并于6月10日前各市完成省级数据备案，D镇所在的县级政府则把任务完成时间定在5月中旬。任务的逐层分解累加和时间的逐级压缩致使基层政府需要在极有限的时间内完成工作任务，考核周期紧张带来的压力显而易见。

精准扶贫政策中关于精准识别列出了“九条红线”，凡是超出其中任何一条，即不再符合贫困户标准，需要退出贫困户序列。(1)建(购)商品房(移民搬迁安置房除外)或现有住房装修豪华，家用电器豪华，自费参加高消费娱乐活动，家庭日常生活支出明显高于扶贫标准的；(2)家庭拥有小轿车(帮扶部门资助的车辆除外)、大型农用车、工程器械的；(3)家中有现任村党支部书记及村主任的；(4)家庭成员或法定赡养人、抚养人中有由财政统发工资或有在国有大中型企业工作连续十年以上，收入较稳定的(军烈属除外)；(5)家庭成员中有担任私营企业负责人的，长期从事各类工程承包、发包等营利性活动的，长期雇用他人从事生产经营活动的；(6)未如实提供家庭收入，隐瞒生活财产，故意放弃或转移生活财产的，家庭成员中有自费出国留学或购买商业养老保险的；(7)家中长期无人并无法提供其实际居住证明，人户分离的；(8)因赌博、吸毒、打架斗殴、寻衅滋事、长期从事邪教活动等违法活动被公安机关处理且拒不改正的；(9)对查实后的举报或质疑不能做出合理解释的。为了避免具体落实中的一刀切情况和僵化执行，该省要求基层政府在遇到这类情况时，应入户调查多方了解情况，综合研判，具体情况具体分析：在核实工作中，经村级民主评议后确需新纳入建档立卡范围的农户，如有这“九种情况”的，需要由镇(街道办)专题报县区扶贫办备案核准同意后，可以纳入贫困户范围；在册贫困户如有以上情况，由镇(街道办)调查核实后，报县区扶贫办核定，根据实际情况决定保留或剔除；已脱贫户原则上不剔除。

(三)案例分析

在进行贫困户的识别和认定时，政策中除了明确规定和要求农户家庭人均纯收入必须在扶贫标准下，拥有一定劳动能力和脱贫意愿则成为辅助条件，其他条件设置得相对比较宽泛，实质上为开展具体工作留下了弹性空间。从建档立卡工作的程序和流程可以看出，农户的申请是第一步，但在实际操作中，除了所有低保户必须纳入到贫困户序列中，一些农户的申请行为并不是主动的，而是通过基层政府借助村干部对农户家庭情况的了解、召集农户并帮助填写申请资料这一途径落实的。如果村庄内部和村与村之间没有明显的差异和矛盾冲突，其他的认证程序也大都是草草了事，变通行为在正式政策的制度范围内普遍存在着。

在具体识别工作的执行中，D 镇以先摸底再开展实际工作的策略做了变通，通过两次数据加码形成了“扩面增户”的局面，第一次调整是为了争取项目资金支持，第二次又在调整后的数据上再次修改和加码以缓和基层矛盾，维护基层稳定。陕西省扶贫安排的扶贫对象和实际数据清洗工作，实质上是通过对过去工作的完善和改进进一步提高精准识别的“精准度”，将符合识别条件的贫困户全部纳入建档立卡范围，同时剔除不符合标准在册建档立卡户，精准识别扶贫对象。然而，基层治理情境的复杂性和考核周期紧张的压力却直接加剧了治理成本与工作任务，为了能够有效率且相对容易地完成收入核算工作，基层政府采取统计加估计的应付方式来替换真正的入户摸底，变通地执行了政策的要求。这种变通方式对基层政府来说，无疑比真正的入户核查性价比高，既节省了时间精力，也提高了所谓的工作效率。由此一来，获得的收入数据的真实性和准确性自然大打折扣。

“九条红线”原则实际上是在原有“两不愁三保障”和“户四条”的基础上，用以进一步核实和判断贫困户的具体情况，以保障贫困户识别的准确性。然而，这却成为 D 镇执行工作中不能触碰和必须遵守的红线，以此避免在数据再次审查时有明显的错误和不符合规定之处，也不用再就特殊情况向县级政府报备同意，降低了工作成本和负担。这种变通执行一方面适当地弥补了过去工作的“急功近利”，并保持了工作任务间的连续性与稳定性，避免引起上级政府的质疑和问责，另一方面也是在本年度考核任务完成的基础上预留出一定的指标，为第二年的年度考核任务做铺垫，避免到时面对较大的考核压力和政治风险。

（四）案例讨论

1. D 镇是否严格按照政策要求落实了贫困识别工作？

2. 该县为什么会出现“扩面增户”现象？村干部与村民的动机分别是什么？

3. D 镇在进行贫困户再核实与数据清理工作时，是否遇到了瓶颈？为什么会产生这种情况？这种困难是否有回避的可能？

4. D 镇在落实精准扶贫工作时，出现了几次变通行为？原因相同吗？

5. D 镇政策执行者的变通行为有没有影响政策预期效果？如何规避这种偏差？

（五）主要参阅资料及推荐读物

1. 何继红：《基层政府精准识别工作中的变通行为研究》，兰州大学硕士/博士学位论文，2018。

2. 李金龙、杨洁：《基层精准扶贫政策执行梗阻的生成机制及其疏解之道》，《学习与实践》，2018 年第 6 期。

3. 陈辉、陈讯：《精准扶贫实践中的政策执行偏差及其调适》，《中共福建省委党校学报》，2018 年第 9 期。

案例三：上下级政府间的“讨价还价”——四东县休禁牧案例

（一）案例梗概

基层政府在执行上级政策时，需要承担执行过程成本、上级施加成本和民众施加成本，基层政府会选择与上级讨价还价，以求上级政府释放执行空间。在四东县休禁牧案例中，县政府与乡政府有着共同的利益，即执行休禁牧政策，但在如何执行，是严格执行还是宽松执行上却存在冲突，双方为了达成对自己有利的协议采取了一系列出价、还价、议价行动。

（二）案例正文

四东县位于黑龙江省西南部，是一个以农牧业为主的大县，全县下辖 11 个乡镇，12 个农林牧渔场，79 个行政村，面积 6176 平方公里，辖区内有草原 469 万亩，占总面积的 50.7%。休牧是指在划定的草原范围内某个时段不得放牧，禁牧是全年内不准放牧。四东县自 2001 年开始提出草原休牧管理，2004 年全县全部草原都实行了休禁牧管理，其中禁牧面积达 181 万亩；2005 年至今，全县 364 万亩草原全部实行禁牧管理。在休禁牧政策实施的最初几年，县乡政府在休禁牧工作上投入的精力巨大，特别是畜牧重点乡镇任务更加艰巨。乡镇政府对休禁牧亦多有“怨言”，政府执法干部在查牧过程中与放牧农民屡有冲突，却难以找到有效的调和办法。由于休禁牧实行属地化管理，乡镇政府是直接负责的单位，进入禁牧阶段，留给基层的空间越来越小，各乡镇的禁牧工作陡然紧张起来。休禁牧工作采取的是自上而下的推行方式，“一纸禁令”下来，农牧户除了接受宣传教育外并无协商，甚至缺少细致的政策解读。以下是政策执行的几个阶段。

一是，出价—应价：休牧阶段的县乡政府“喊价”。2001 年四东县首次提出休牧。在休牧前期，县政府的要求是在全县实施休牧，即特定时段、特定地点不准放牧，由于在非禁牧的时间和区域仍可以放牧，休牧并未引起全县的“紧张”。到休牧后期，由于休牧面积逐渐扩大，且2005年马上进入全面禁牧阶段，县政府要求全县解决草原禁牧后群众的养殖技术和养殖手段问题，为全面禁牧做足准备。为实现休牧以及转变生产方式的目标，县政府进行了广泛的动员宣传。在具体行动上，四东县成立了县委书记、县长任组长，县委、县政府主管领导为副组长，相关职能部门“一把手”为成员的全面禁牧工作领导小组。各乡镇也及时建立了领导小组，采取了相应措施，在乡镇进行动员宣传，下发宣传单到牧户手中，实施草原改革、使放牧场承包到户，对休牧区块实行挂牌保护、围栏封育、人工养护。尽管工作布置规范，但在实际的违规放牧查处中，乡镇并没有实现县政府的要求。事实上，由于工作量大、执行难度高，各乡镇的休禁牧监管队伍并没有开展常规查牧行动，而是主要通过“督促”实施休牧，效果甚微。

二是，出价—还价—定价：严格执行。以县内全面限牧为起点、2005年9月塔拉哈镇禁牧现场办公会为节点期间，县政府要求各乡镇全面实施禁牧，配之以严格监督检查验收。全面禁牧之后，草场上是否有放牧行为一目了然，县级层面的检查验收更便于执行，对草原违法行为，发现一起，公告一起，严处一起。全面禁牧开启的当口，让乡镇政府直接面对的远不是生产方式转变的“治本”难题，而是如何实现县政府定下的直接目标，全面禁牧。从休牧到全面禁牧，尽管乡镇政府很不适应，但也非常清楚县政府的动员要求，因此尽力按照县政府的要求严格执行禁牧政策。2005年，沃林乡成立草原禁牧管护大队，并配备两台专车对全乡所有草原进行巡回检查，对私自违规放牧进行清理整顿，5个月的时间里，管护大队处理草原违规放牧事件60余起。即使出台了严格的看护规定，并建立了乡村两级的看护人员体系，但草原看护仍然让基层政府干部头疼。农户经常跟干部捉迷藏，干部一走，农户就赶上来，就进到草原放牧，或者白天放牧晚上休息。草原休禁牧查处过程中面临调查、取证、处理、执行上的困难，且由于交通不便、草原地形等客观原因使执行难度加大。由于休禁牧工作推进迅速，农户不适应且根本没有做好休禁牧准备，多数农户存在侥幸心理，违规放牧仍普遍存在。另外，繁重的休禁牧任务加大了看护人的负担，很多草原看护人辞职，这也给乡镇政府带来了颇大压力。在此背景下，乡镇政府开始密集地向县政府“还价”。在年中各乡镇向县政府上交的工作汇报中，多处出现“因为群众对禁牧工作认识不到位，工作开展执行难度较大，恳请县政府予以综合考虑”等字句。一些乡镇书记、乡镇长在经济会议、畜牧工作会议等各种正式场合向县领导“诉苦”的情形也逐渐增多，以至于分管畜牧工作的副县长每次下乡，主要内容就是听基层“讲困难”，不仅要安排生产工作，更要做基层的思想政治工作。乡镇政府针对县政府出价的“还价”行为还体现在政策执行的具体行动上，对违规放牧的查处稍有松懈，一些地方的放牧行为就会重新出现甚至未曾中断。县委书记的表态为这一轮县乡政府的讨价还价进行了“定价”，即要求乡镇政府必须按照县级的“出价”予以“支付”，严格执行政策规定而非放松要求。自此，全面禁牧动员阶段的讨价还价告一段落，乡镇政府在政策执行中选择严格查处，全县禁牧工作偏向“严格执行”。

三是，出价—还价—再议价：宽松执行。2006 年 5 月，《四东县草原管理条例》(以下简称《条例》)颁布并实施。《条例》的出台赋予了县政府要求合法性，各乡镇也相继出台或签发各种文件，为乡镇政府的严格执法保驾护航。然而，乡镇政府的“严查严管”直接导致基层政府与农民的冲突频发。上级政府的任务与地方民众的压力让乡镇政府在执行休禁牧政策的过程中左右为难，为了满足两方面的要求，乡镇政府开始尝试利用政府与民众的冲突发起新一轮的讨价还价。在上下级政府干部见面的公共场合或私人场合，乡镇政府领导经常向上级政府说明目前休禁牧政策的执行情况，特别强调由此引发的各种冲突事件。乡镇政府也会通过其他途径，例如通过县政府下派的驻乡干部向上反映问题，许多乡镇上交给县政府的材料中详细记叙了政府与农民冲突的细节。乡镇政府的还价最终引起了县政府的重视。后者表示，县里政策下去，还需要乡镇基层配合，所以也要考虑基层执行的难处。既要坚持大方向不能变，也要注意调整工作的方式方法。2006 年后，县政府出台优惠措施扶持饲草生产，投入到青贮玉米、种子补贴、青贮窖建设、青贮机械购置等方面的补贴资金近 3000 万元。同时县政府根据各乡镇在休禁牧工作中的具体表现给予一定的项目支持，配备项目资金。2007 年以后，乡镇以畜牧业发展为由的资金申请迅速增多。此外，县政府也在监督检查频率上做出了大幅度的让步，禁牧工作进入常规执行期后，全县将违规放牧的监管任务完全交给了乡镇，有了自主权的乡镇在查牧禁牧行动上有所放松，一些乡镇甚至出现了对违规放牧“睁一只眼、闭一只眼”的现象。在逐渐放松的禁牧管制下，2013 年夏，日益增多的违规放牧再次引起县政府的高度重视，随后召开全县草原禁牧工作紧急会议，要求“通过停站、停奶、取消草原奖补或停发补贴资金等措施，坚决打击各种偷牧行为”，县政府与乡镇政府之间围绕禁牧政策的执行又将开启新一轮的讨价还价。

（三）案例分析

总体来说，休禁牧政策的制定与颁布具有一定的强制性，县政府握有目标设定权，规定全面禁牧的任务。休禁牧政策实施之初便实行属地化管理原则，要求各乡镇成立由“一把手”负责的禁牧工作小组，统一对本辖区的禁牧工作进行管理，实行责任领导追究制，基层政府承担了一线的休禁牧任务。四东县休禁牧政策的执行过程，乡镇政府与县政府的博弈中采取了服从、变通、讨价还价三种不同的执行方式。在休牧阶段，县政府虽然有要求，但乡政府基本上是根据自身的情况选择性执行，双方均有出价但未对对方的出价进行正面回应，全县的草原保护情况与休牧之前没有明显的变化。县政府提出休牧决定及相应要求，乡镇政府未公开反对县政府的休禁牧要求，而是选择性执行，那些容易执行的工作要服从上级指令予以执行，而执行难度较大、容易引发政府与农民矛盾的“查牧罚牧”等要求则未付诸行动或变通执行。进入禁牧动员阶段，县政府要求严格执行全面禁牧，乡镇政府以工作难度大、难适应为理由与之讨价还价，但县政府责令乡镇政府继续严格执行并以政治任务为由进行定价，全县进入高度严格的禁牧时期。实际上在提出休禁牧的初期，乡镇政府已经意识到开展该工作的难度并适时向县政府表达了看法，但由于县政府对一些违规行为未做实质惩罚，这些讨价还价没有产生实质意义。进入全面禁牧的动员阶段后，县政府“动真格”了，乡镇政府的“还价”行为也变得积极活跃起来。但是，县委书记以强硬的态度回应了各乡镇的政府“讨价”，各乡镇政府被迫选择严格执行禁牧政策。然而，县乡政府间的讨价还价并没有随着县政府的高调“定价”而结束，随着禁牧造成的影响向民众蔓延，双方的讨价还价能力发生了变化，新的讨价还价格局逐渐形成。严苛的执法过程遭到了农民的反抗，对休禁牧政策的不认可诱发了许多面对面“利益争夺”的场面。乡镇政府愈发“激进”的执法过程加剧了政府干部与农民之间的冲突，这意味着社会不稳定因素的萌芽。维护社会稳定是地方政府的重要职责，甚至具有一票否决的意义，乡镇政府利用这一点，将基层干部与农民之间的冲突作为与县级政府讨价还价的有效工具，县政府经过权衡后再次出价默许乡镇政府可宽松执行，禁牧力度趋于宽松，上下级政府已达成了双方都可以接受的政策执行“默契”。

（四）案例讨论

1. 休牧阶段，乡镇政府与县政府之间是否出现了“讨价还价”行为，为什么？

2. 第一轮讨价中，乡镇政府为何向县政府妥协，愿意“严格执行”禁休牧政策？

3. 2006年后，乡镇政府以什么理由向县政府再次“讨价”，这次的效果如何？

4. 农户(群众)在整个政策执行中扮演了什么角色，发挥了什么作用？

5. 乡镇政府与县政府之间的实际关系是什么？两者之间的讨价议价会停止吗？为什么？

(五)主要参阅资料及推荐读物

1. 冯猛：《政策实施成本与上下级政府讨价还价的发生机制——基于四东县休禁牧案例的分析》，《社会》，2017年第3期。

2. [英]阿伯西内·穆素著：《讨价还价理论及其应用》，上海财经大学出版社，2005年版。

第九章　政策评估与监控

★需理解的知识点及案例分析目标

理解政策评估在政策过程中的价值和意义，政策评估的内涵、类型、主要形式、标准、内容、过程，以及政策评估的发展，影响政策评估的主要因素。政策监控的意义和主要形式。应用相关知识分析政策实践中的评估与监控，及对于相关绩效的认识。

第一节　内容概要

科学完整的公共政策过程离不开评估和监控活动，两者是整个政策过程的有机组成部分，贯穿在政策过程的始终，制约着政策制定、执行和调整过程的功能发挥，并影响政策结果的形成。

一、公共政策评估概述

随着政策问题的日趋复杂以及人们对于政策质量期望的提高，政策评估成为一个专门的研究领域。公共政策评估，就是评估主体依据一定的评估标准，通过相关的评估程序，考察公共政策过程的各个阶段、各个环节，对政策产出和政策影响进行检测和评价，以判断政策结果满足目标群体需要、价值和机会程度的活动。政策评估作为政策运行过程的重要环节，在实际政策过程中发挥着重要的作用：政策评估是提供政策运行可靠和有效信息的重要手段；是进行政策调整、提出政策建议的重要依据；是检验政策结果的必要途径；是重新配置政策资源的基本前提；是构建良好公共关系的有效策略。

由于政策的广泛性以及人们关注政策的角度差异，政策评估的类型呈现出多样化的特点。一是，从评估组织活动形式上看，分为正式评估和非正式评估。正式评估，是指专门的组织机构和人员根据一定的评估理论，为了实现评估目标，按照一定的评估程序而对相关的评估对象所进行的评估；非正式评估，是指没有严格的专门组织机构，评估主体、评估形式和评估内容也没有固定化，其方式灵活多样。二是，从评估机构在政策活动中的地位看，分为内部评估和外部评估。内部评估，是指政府内部的评估组织和人员所进行的评估，可分为由政策运行机构和人员自身所进行的评估和由政府专职评估组织和人员所进行的评估；外部评估，是政府部门外的评估主体所完成的。三是，从评估的阶段看，分为预评估、过程评估和结果评估。预评估，是在政策执行前，即政策方案处在规划阶段时所进行的一种带有预测性的评估，它将政策评估从单纯的结果检测转变为事前控制，以预测未来的发展趋势；过程评估，是对政策运行过程所进行的评估；结果评估，是政策执行后对政策所取得的结果的评估，包括政策产出评估和政策影响评估。四是，从评估对象数量看，分为单一政策评估、复合政策评估。单一政策评估，是指评估者只对某一项政策所进行的评估。后者，是对一项以上的政策同时进行的评估。

从评估的要素来看，一是评估主体，指政策评估者的主体构成，包括决策者和执行者、专业学术团体和研究机构以及政策的目标群体等。二是评估客体，指政策评估对象，即所要评估的具体政策。三是评估目标，即评估工作的出发点，包括政治方面、行政方面及方案方面等。四是评估标准和方法。

不同时期，根据不同的评估需要，有不同的评估方法。美国学者古巴和林肯依据时间先后将评估方法的演进分成四个阶段：(1)测量。从 1910 年至第二次世界大战时期。评估的重点在技术性测量工具的提供上，以实验室内的实验为主。(2)描述。从第二次世界大战至 1963 年。仍保留技术测量的特性外，重点强调描述的功能。政策评估即实地实验。(3)判断。从 1963 年至 1975 年。强调政策评估者不仅要把科学的实验室研究的方法与实地调查的方法相结合，而且要体现个人对政策目标价值结构的判断，对众多利益相关者的影响。强调个人价值的重要性。(4)回应—建构性评估。1975 年以后。这一模式焦点不是目标、决定、结果和类似的组织者，而是诉求、利益和争执，涉及众多的利益相关者。协商是第四代评估的标志。按照不同的标准，评估方法有不同类别。以是否可量化为标准，分为定量评估方法、定性评估方法和定量定性结合评估方法；以政策过程中的不同阶段为标准，分为制定过程评估方法、执行过程评估方法；以政策过程的不同阶段的比较为标准，分为“前—后”对比方法、“目标与效果”对比方法、“始—终”对比方法、“有—无”对比方法。

评估内容主要有：政策成本评估，即评估政策投入与产出之间的比例关系；政策需求评估，即社会组织或个体有什么样的问题需要政府采取政策来解决，它是构建政策议程、制定政策的前提和基础；政策效益评估，评估政策目标得以实现的程度；政策过程评估，对政策运行各个环节进行评估，以发现问题，进行有效的改进；政策影响评估，政策实施对社会和公众以及政策对象所产生的各方面直接的或间接的影响；政策价值评估，对政策在价值上所具有的意义进行评估。

公共政策评估是一个有计划、有步骤的活动过程，作为逻辑上的流程，包括三个阶段：一是准备阶段。主要工作是确定评估的对象；制定评估方案，包括阐明评估的对象和范围，明确评估的目的和要求，确定评估的方法、标准及指标，规定评估的场所、时间、程序等。二是实施阶段。主要工作是全面收集政策制定、实施、产出、政策影响等方面的各种信息，运用适当的评估方法和技术，分析政策实施的效果，提出相关的政策建议，写出评估报告。三是总结和反馈阶段。在提交评估报告、结束评估工作之前，对评估过程进行再检查；与政策制定、执行、监督机构和人员和政策目标群体进行必要的沟通讨论，以便提高政策评估的政策实践效果。

影响公共政策评估的重要因素主要体现在：政策信息、资料不公开，使外部评估困难重重；政策制定者与执行者的不重视和不配合；政策目标的多样化与政治化；政策的沉淀成本；政策评估方式、方法和规范不完整；政策评估缺乏经费支持；政策结果衡量困难等。

二、公共政策监控概述

政策监控，是为了达成政策目标而对政策系统及其运行的监督与控制。政策监控是政策监督与政策控制的合称——政策监督是指对政策运行状态信息尤其是政策运行偏差状态信息的获知；政策控制则是对政策运行偏差状态的纠正。公共政策监控，与其说是公共政策过程的一个环节，不如说是公共政策过程中的一种理念和效果，它渗透于上述公共政策过程中的各个环节，并构成上述各个环节相互作用的要求。政策监控是一种目的性明显的行动，其目的性表现在两个层面上：一是保证政策内容的合法性，二是保证政策结果的有效性。

政策监控形式呈现出多样化的特点，按监控活动实施的时间来分，可分为事前监控、事中监控和事后监控；按监控主体性质来分，可分为内部监控与外部监控；按监控产生的方式可分为正式监控和非正式监控。从监控主体，即监控子系统构成来看，有立法机关、司法机关、行政机关、执政党、利益集团及大众传媒等的政策监控。

第二节　案例分析

案例一：四川省依法治理政策第三方评估

(一)案例梗概

2016年，四川省为客观了解依法治理政策的制度设计、落实情况与实施效果，引入第三方机构进行客观评估。由中国社会科学院法学研究所、中国社会科学院国家法治指数研究中心组成评估小组，就该省21个市(州)的依法治理情况展开评估。评估机构按照评估标准系统科学、评估方案务实严谨、数据采集全面细致、分析论证严密透彻、评估结果真实可靠，真正实现以评促改的总体方向，对该省依法执政、人大制度、依法行政、政务公开、司法建设、社会法治与法治保障等7个方面进行评估，把握政策重点领域，明确难点，找准评估着力点，确定三级指标体系。2017年，为贯彻党的十九大，十九大二中、三中全会精神，中国社会科学院法治指数研究中心、中国社会科学院法学研究所法治指数创新工程项目再次对四川省21个市(州)的依法治理情况进行评估。

(二)案例正文

2016年，中国社会科学院法学研究所、中国社会科学院国家法治指数研究中心成立项目组，对四川依法治省情况展开第三方评估。此次评估内容为四川21个市(州)的依法治理情况，指标体系包括：一级指标6个，分别是依法执政、人大监督与代表履职、法治政府、司法建设、社会法治、法治保障指标；每个一级指标下面设置了3个到5个二级指标，共22个；二级指标下面又设置了不同数量的三级指标，共58个。评估采用定性与定量相结合的评估方法，一方面采取随机“潜入”村(社区)、乡镇(街道)、车站等公共场所，以及窗口单位和政务大厅等走访，评估人员入社区，与群众交流，了解法治群众基础；公共场所走访，记录政府部门法治氛围营造情况，随机访问群众，了解公共服务提供情况；在政府窗口单位，重点了解政府公共服务办事流程、政务公开等是否依法依规等；了解政府网络平台建设情况，登录政府信息门户，评估公众获取法治信息的便捷程度等。另一方面，评估人员查阅地方制度建设台账，依据评估指标，量化打分，搜集该省各级政府依法治理的数据资料，包括政府部门系统统计数据、评估小组走访数据、受评估单位自报数据等，利用数据分析软件，形成数据报告，综合讨论分析走访调研与数据报告，形成评估报告。2017 年评估对象仍然是全省 21 个市(州)，共设置依法执政、人大建设、法治政府、司法建设和社会法治 5 个一级指标，20 个二级指标，60 个三级指标，197 个四级指标，全方位多层次评价四川省依法治省的基本情况。评估原则包括依法设定评估指标，定性定量相结合，第三方主导评估，客观评价，常态化评估，突出法治发展重点。评估中主要通过网站查询、官方统计数据、评估对象自报数据和第三方抽查验证来获取评估数据。

四川建立起了较为完善的制度框架，为法治的深入发展与扎实推进奠定了良好的基础。《评估报告》指出，该省在推进依法治理政策进程中具有以下特点：其一，党委高度重视顶层设计，总揽全局，该省出台相关领域的法律法规文件，为地方法治工作提供坚实的制度保障；其二，重实效，强推进，在政策落实进程中，从省级到各县乡政府部门积极贯彻落实，注重分工配合，强化绩效考核，督促政策施行；其三，因地制宜，针对性解决问题，结合各地区实际情况，有针对性地解决实际问题；其四，加大宣传力度，营造法治氛围，积极开展“法律七进”“法律明白人”等活动，将法治观念深入人心。《评估报告》在肯定四川依法治理成绩的同时也认为，制度规范仍有细化的必要，体制机制仍有改进的需求，系统平台仍有优化的空间，人力经费仍有提升的需要。《评估报告》建议，制订高质量的学法计划，在一定范围内公开学法档案和学法考勤；在司法建设方面，站在普通公众甚至案件当事人角度考虑提升司法公开意识，加强公开平台建设。

总结来看，一是，就评估主体而言，四川省依法治省考核采取自我评估、上级评估和第三方评估相结合方式，全面摸清法治四川建设现状，找准制约短板，全面提高依法治省评价的科学性和客观性。四川省主动选择了中国社会科学院法学研究所、中国社会科学院国家法治指数研究中心成立的项目组，作为此次第三方评估的评估主体，一方面是因为该所在法学研究领域具有较深资历，多位研究员经常参与法治调研，具有丰富的理论功底；另一方面，希望中国社会科学院法学研究所团队能利用专业知识，总结四川依法治省的经验、发现问题，帮助四川寻求破解之道。二是，从评估内容来看，四川21个市(州)的依法治理评估指标体系包括三级指标。为了准确评估，根据指标体系，依法治省第三方评估团队兵分四组，到四川各地开展实地评估。2017年评估内容仍然是全省21个市(州)，全方位多层次评价四川省依法治省的基本情况。三是，评估方法和原则。评估中主要通过网站查询、官方统计数据、评估对象自报数据和第三方抽查验证来获取评估数据。评估小组将查阅当地制度建设的法治台账，对照设置的每一项指标，对其落实情况量化打分；“潜入”村(社区)、乡镇(街道)、车站等公共场所，以及窗口单位和政务大厅等走访；各小组还搜集了各地大量的依法治理资料，包括各个系统的统计数据、评估对象的自报数据等，对现场无法做出评估的情况进行综合讨论研究。

(三)案例分析

良好的公共政策评估不仅可以纠正政策目标执行过程中出现的偏差，也可以有效避免政策资源的浪费，提高政策的质量。此项外部评估或第三方评估具有明显优点：因其置身于机构之外，不受机构利益的限制；专业学术评估团体不仅具有扎实的评估理论基础，掌握完整的评估数据资料来源，同时又具备较为丰富的评估实战经验；专业学术评估团体作为被委托方，与委托方之间是契约性合作关系，因此负有明确的评估责任。所以，以外部第三方专业性学术团体作为评估主体，不仅可以最大化地实现客观公正地去评估，而且也能基于评估结果给予可行性建议。

(四)案例讨论

1. 结合案例，分析外部评估的优缺点。
2. 结合案例，谈谈第三方评估还可以如何改进和完善?
3. 试结合案例与所学，分析外部评估和内部评估各自的适应领域与情况。
4. 上述案例中第三方评估指标的选择有什么依据?是否合适?

(五)主要参阅资料及推荐读物

1. 严明:《地方政府构建公共政策第三方评估制度研究》，湖南大学硕士/博士学位论文，2018年。

2. 治国理政新实践·四川篇：四川依法治省考核引入第三方评估，https：//www.yicai.com/news/5200492.html。

3. 法治要闻：国家法治指数中心发布四川省依法治省第三方评估报告

(2017)，http：//www.sohu.com/a/241025329_100135255。

案例二：安徽省森林公园建设评估

(一)案例梗概

运用由弗兰克·费希尔提出的公共政策评估方法，从项目验证、情景确认、社会论证和社会选择四个方面对安徽省森林公园建设进行了分析，结果表明，安徽省森林公园建设顺应时代发展要求，符合社会发展规律，前景广阔。

(二)案例正文

弗兰克·费希尔在《公共政策评估》一书中，提出了将事实和价值结合起来进行评估的方法论框架结构，分析了评估公共政策方法论框架的四种讨论形式：项目验证、情景确认、社会论证和社会选择，四种具体的方法被分为两个层次。第一层次评估由项目验证和情景确认构成。着重于研究政策发起者的特定的行动背景，探究特定项目的结果和这些结果出现的情景(或者情形)。第二层次评估由社会论证和社会选择构成。评估转换到了更大的社会系统之中，项目自身的论证仅仅是其中的一个部分，它着重于研究政策目标对社会系统的影响，强调项目的社会价值。每一种论证都有自己特定的要求。(1)技术—分析论点：项目验证。利用传统政策评估通行的工具对项目结果的效率进行测量。验证的基本问题是项目是否达到了既定的目标。(2)相关论点：情景确认。确认的焦点是特定的项目目标与发起项目的情景的关系；确认检测的不是项目目标，而是项目要影响的情景背后的认识和设想；确认的基本问题是项目目标与问题情景的相关性。(3)系统论点：社会论证。在该层面上政策评估由第一层次转到第二层次，也就是说，从具体的情景转向作为一个整体的社会系统。其主要任务是表明政策目标为现实社会提供了价值。(4)意识形态论点：社会选择。这是政策评估的最后一个推论阶段，论证转向了意识形态方面，重点分析项目实施是否有利于解决社会的价值矛盾。政策评估可以从四个论证阶段中任何一个阶段开始，选择从哪个阶段开始由实际解决政策问题的角度决定。

具体到安徽省森林公园建设评估分析来看：

一是项目验证。研究者运用成本—效率分析方法验证安徽省森林公园建设项目。基本步骤为：规定谁将为项目投资，谁将从中受益；把输入和输出换算成货币价值；计算成本—效益率。森林公园的直接受益人首先是公园职工，其次是周边从事森林旅游服务的人。如果考虑到森林公园的生态和社会效益，其间接受益人范围很广，包括当地居民、全省人民，甚至全国人民和地球居民。森林公园建设成本分显性成本和隐性成本。显性成本可用投资额来衡量，而隐性成本主要包括机会成本和因过度开发导致环境退化潜在的损失。森林公园建设的隐性成本不仅难以具体量化，而且在现阶段仍体现为正效应，所以在进行成本效益分析时可以忽略。森林公园建设的效益有经济、生态和社会效益。经济效益体现在森林公园的经营收入和创造的社会旅游收入。建设森林公园的一个重要目的是更好地保护森林风景资源。旅游业是关联度很高的行业，具有促进交通运输、餐饮住宿等发展的功能。森林公园建设的生态和社会效益都很明显，但却难以量化，所以没有计入成本一效益分析。因为森林公园建设项目往往建设期和收效期较长，研究者将分析期延长，以 1997—2006 年 10 年为一个大的周期。

二是情景确认。20 世纪 80 年代末，随着我国经济的快速发展和人民生活水平的普遍提高，崇尚自然、回归自然的理念悄然兴起，人民在繁忙的工作之余，渴望远离喧嚣的都市，空气清新、环境优美、景色怡人的户外游憩场所被越来越多的人所追求。同时，安徽省国有林场、苗圃等林业单位，由于各种不同的原因，逐步失去或部分失去原来的经济来源，陷入困境。为摆脱困境，通过反复论证，在借鉴发达国家建设国家公园、开展森林旅游的成功经验的基础上，为响应国家环保号召，顺应社会生态觉醒的潮流，林业部门开始改变对森林的利用方式，调整林业产业结构，深化林业改革，扩大对外开放。改革的具体措施之一就是建设森林公园，发展森林旅游业，充分发挥森林风景资源的生态、经济和社会功能。经过 20 多年的发展，安徽省森林公园建设成效明显。一方面，加强了森林资源保护，促进了生态环境建设。安徽省森林公园大都建立在国有林场的基础上，已批建森林公园的林场根据自身特点，围绕合理利用森林资源搞开发，在强化管理的基础上逐步实现从木材经营到森林旅游经营的转变，各森林公园主景区内已全面禁伐，一些龙头森林公园已做到规划范围内全部禁伐，森林资源得到较好的保护与发展。安徽省森林公园平均森林覆盖率由 1995 年的 81%上升到目前的 92%，森林蓄积量普遍增长 15%以上，森林景观资源保护与开发并重的建设管理体系的初步建立，使安徽省林业走出了一条不以消耗森林资源为代价，充分发挥森林资源的经济、社会和生态三大效益，促进林业全面可持续发展的新路。另一方面，森林旅游快速发展，经济效益明显增长。安徽省现有 30 处森林公园建成开园，森林公园的基础建设近几年来明显加快。部分森林公园基本建成比较配套的旅游服务体系，逐步成为新的旅游胜地。“九五”以来，安徽省森林公园游客接待量及旅游收入年均增长12%和18%。多数建立森林公园的林业单位，旅游收入已逐步成为其主要经济来源。“十五”期间，安徽省森林公园共接待游客900万人次，累计创直接旅游收入1.45亿元，创造的社会旅游收入近7亿元，带动社会就业人数超过1万人次。此外，森林公园建设的社会效益也十分显著。直接推动地方经济发展的作用日趋明显。2006年天柱山国家森林公园共接待国内外游客103万人次，经营收入突破3000万元，连续三年缴纳税金均超过400万元；六安市2006年森林旅游的门票收入也已突破1000万元，服务业和三产收入达到2000多万元。旅游业已成为两地富民强县的重要产业。提供社会就业机会。据统计，旅游业每增加1个就业岗位，就会为社会提供4—5个就业机会。目前，安徽省森林公园从业人员约2000人，意味着可为安徽省提供约1万个就业机会。改善地区投资环境。森林公园的建设和森林旅游业的快速兴起，有力地促进了林(农)区及边远山区的道路交通、通信、水电等基础设施的开发。提高人们的环保意识。越来越多的人通过体验森林生态旅游，增加了对生态环境的认识，增强了生态意识和环保意识。

三是社会论证。森林公园建设与科学发展观。林业作为国民经济的重要基础产业，同时也是关系生态环境建设的公益事业，其可持续发展在国民经济可持续发展中起着不可替代的作用。新形势下国有林业企业的发展模式，应该是摆脱单一木材生产的经济格局，变林业经济为林区经济，多点支撑，多轮驱动，多元发展。实现这一目标，必须大力调整产业结构，措施之一便是要加大森林公园建设力度，加快森林旅游发展步伐，把森林旅游业当作林业的一项重点产业来抓。中共中央、国务院2003年6月25日做出的《关于加快林业发展的决定》中，明确提出要“努力发展好森林公园”和“突出发展生态旅游”。建设森林公园，发展森林旅游产业，是林业发展落实科学发展观的重要体现。森林公园与现代林业建设。2007年起，国家全面推进现代林业建设，通过构建完善的林业生态体系，发达的林业产业体系，繁荣的生态文化体系，大力加快林业改革进程，充分挖掘和发挥林业的生态、经济、社会三大效益和功能，满足社会对林业的多样化需求，逐步缩小我国与发达国家在现代林业建设上的差距。建设森林公园的目的正是保护和利用森林风景资源，为社会提供良好的森林游憩服务，不断满足人们日益增长的生态文化和健康消费需要。森林公园与新农村建设。安徽省森林公园多数是在国有林场的基础上发展起来的，超过95%的森林公园处在农区、山区、林区，有近50%的森林公园处在国家重点贫困地区和生态脆弱地区。森林公园周边的农民通过从事森林旅游服务业，增加了收入。20多年来，安徽省森林公园建设和森林旅游业发展已使50个乡、200多个村、近20万农民受益。森林公园与“生态安徽”建设。森林旅游业素有“无烟工业”之称，属典型的生态经济，森林公园建设已被列为“安徽省森林生态网络体系”建设的重要工程。

四是，社会选择。进入21世纪，人类继农业文明和工业文明之后，进入生态文明的新阶段。人与自然和谐相处就是生态文明的主要特征，这既是现代文明的重要组成部分，也是现代文化、先进文化的重要组成部分。安徽省森林公园中蕴含着生态保护、生态建设、生态伦理等生态文化要素；森林公园开展各种“寓教于游、寓教于乐”的旅游活动，是传播、弘扬生态文化的最佳途径。

（三）案例分析

20世纪80年代末，特别是1992年以来，安徽省各级政府和林业部门以得天独厚的森林风景资源为依托，建设森林公园，发展森林旅游，改变森林利用方式，加强森林资源保护，促进生态环境建设，调整林业产业结构，拉动经济增长，评估显示该项目的推进取得了较大的经济和社会效益。

（四）案例讨论

1. 谈谈弗兰克·费希尔的评估方法对本案例的适用性。
2. 试讨论，该案例还可以采取其他什么评估方法来评估？
3. 请结合案例分析，安徽省在发展森林公园建设中取得的成绩及回应的挑战。

（五）主要参阅资料及推荐读物

1. 弗兰克·费希尔：《公共政策评估》，中国人民大学出版社，2003年版。

2. 张舜：《安徽省森林公园建设评估分析——基于弗兰克·费希尔的公共政策评估理论》，《安徽农业科学》，2007年第9期。

第十章　政策调整及终结

★需理解的知识点及案例分析目标

理解政策调整和政策终结的内涵、特点、形式、内容及意义。应用相关知识分析实践中政策调整或终结的原因及影响因素。

第一节　内容概要

一、政策调整概述

政策调整是政策过程中不可缺少的环节。在执行政策的过程中，有些政策会因环境的变化、政府目的的改变或其他原因，而发生改变。有些政策会因原定的目标已经达到或工作已完成，而宣告终结。有时基本政策亦可延续很久而没有多大的变更。对于政策调整的含义，不同的学者有不同的界定。如陈庆云在《公共政策分析》里界定的：政策调整，是根据政策评价的结果，对实施中的现行政策采取补充、修正和终止的动态过程，包括政策补充、政策修正、政策终止。陈振明在《政策科学》里界定为：政策调整，是在政策监督和控制所获得的有关政策系统运行(尤其是政策执行的效果)的反馈信息的基础上，对政策方案、方案与目标之间的关系等进行不断的修正、补充和发展，以便达成预期政策效果的一种政策行为。在某种意义上说，政策调整是政策方案的重新制定和执行的过程，或者更准确地说，是政策方案的局部修正、调整和完善的过程。从诸多定义中可以总结出政策调整的三个基本特点：一是渐进性，政策调整是随着政策的实施而不断进行的，它是对原政策的修正和发展，其目的是保证政策的稳定和延续性；二是局部性，政策调整的内容一般是政策系统当中的某一部分；三是动态性，政策调整是政策系统对内外环境的变化所做出的主动或被动的适应，而这种对环境的认知是通过评估和监控环节实现的。因此，政策调整可以定义为：在公共政策的实施过程中，根据政策评估和监控所反馈的信息对原有政策中不适应政策对象和政策环境变化的部分，采取渐进的方式，进行增删、修正和更新。

政策调整，包括对政策各种要素的调整，也包括对政策实施的各个环节的调整。公共政策调整的内容主要包括：政策目标调整，政策方案调整，执行措施的调整，政策关系的调整，政策主体和作用对象的调整。导致政策调整既有客观上的原因，也有主观上的原因。客观原因指由于社会经济、科技、文化等的不断发展以及突发事件的出现等而引起公共政策问题本身、公共政策环境、公共政策制定、公共政策执行等的变化；主观方面的原因指随着政策的执行，人们对政策方案在解决政策问题方面认识的不断深化，对原有政策的缺点和不足有了新的认识。

政策调整的作用，积极方面主要表现为及时纠正偏差、预防失误，协调关系、有序运行，发展完善、保持稳定。政策调整同样存在着负面的影响：会使一部分已经投入的政策资源产生不同程度的浪费；损害一部分既得利益人群的权益，挫伤他们的积极性；过于频繁的政策调整会让公众感到无所适从，对政策和公共机构产生怀疑和不信任感，从而损害公共机构和公共政策的形象。

政策调整可以采取政策增删、政策修正、政策更新等不同方式。政策调整通常被看作是政策方案的重新制定和执行的过程，一般程序包括重新界定问题，提出调整方案，选择调整方案，执行调整决定。

二、政策终结概述

政策终结是与政策评估相联系的一种政策现象。从政策过程来分析，政策终结发生在政策评估之后，是政策运行的最终阶段，及时终止一项多余的、无效的或已完成使命的政策，有利于优化政策资源的配置。

学者们认为，导致政策终结的情况有政策使命的结束，失误政策的废止，以及稳定的长效政策转化为法律。政策终结的内容包括功能的终结、机构的终结、政策本身的终结以及计划的终结。针对政策终结内容的不同，政策终结的方式有政策替代、政策合并、政策分解、政策缩减、政策废止。政策终结的作用在于能节省资源，提高资源配置效率；避免政策僵化，提高政策活力。

第二节　案例分析

案例一：计划生育政策调整

（一）案例梗概

计划生育是我国的一项基本国策，1982 年 12 月写入宪法。主要内容及目的是提倡晚婚、晚育，少生、优生，从而有计划地控制人口。计划生育政策对我国解决人口问题和社会发展起到不可忽视的积极作用。进入 21 世纪，计划生育政策做出调整，从独生子女政策到全面放开二孩政策，政策的调整与人口变化、政策环境变化等有关，体现渐进调适的特点。

（二）案例正文

新中国成立后，最早有一部分人提出中国要节制生育，后来出现了马寅初的新人口论、社会学派的节制主义，中国老一代领导人也提出要节制人口，认为中国人口太多，劳动力过剩，解决不了就业、穿衣吃饭、发展等问题，因此要控制人口增长。1978 年，计划生育政策正式写入宪法，“国家推行计划生育，使人口的增长同经济和社会发展计划相适应”。1980 年 9 月 25 日，《中共中央关于控制我国人口增长问题致全体共产党员、共青团员的公开信》指出：“为了争取在本世纪末把我国人口控制在十二亿以内，国务院已经向全国人民发出号召，提倡一对夫妇只生育一个孩子。”《中华人民共和国宪法》(2004 年)第二十五条指出：“国家推行计划生育，使人口的增长同经济和社会发展计划相适应。”从 2011 年开始，中国各地全面实施双独二孩政策。2012 年，中共十八大报告指出：“坚持计划生育的基本国策，提高出生人口素质，逐步完善政策，促进人口长期均衡发展。”从 2013 年开始，中国实施单独二孩政策。2015 年 10 月 29 日，党的十八届五中全会允许实行普遍二孩政策。会议决定：坚持计划生育的基本国策，完善人口发展战略，全面实施一对夫妇可生育两个孩子政策，积极开展应对人口老龄化行动。

政策调整原因。新中国成立初期，因为经济发展活力不足，人口过剩，解决不了就业、穿衣吃饭、发展等问题。从国家层面来说，在资源严重匮乏的年代，独生子女家庭给国家节约了大量资源，在经济社会建设进程中，他们又为国家培育出了高素质的人才。从社会层面来说，推广晚婚晚育和优生优育，中国农村社会彻底杜绝了十六七岁早婚现象；建立了社会保障体系，普及社会保险概念。从家庭层面来说，实现了少生快富奔小康，优生优育也提升了下一代的人口素质，使父母有了更多的时间、精力和选择。随着经济社会的不断发展和进步，一部分专家学者于2007年在两会议案中提交关于放开二胎生育的提案。支持者认为，独生子女政策与以人为本的发展观念相违背，且独生子女的精神和心理状况引起关注。独生子女政策实施的过程中也出现了一些特别的现象，加剧了社会的不公平和性别歧视，如名人、富人违反独生子女政策超生现象。

（三）案例分析

公共政策经过合法化过程付诸实施后，需要对公共政策不断地评估和监控，对有偏差的政策进行调整。公共政策执行处于一个动态变化的系统之中，客观方面，受政治、经济、社会发展等环境因素的影响，主观层面，受公共政策执行者及公共政策相关者等的影响。独生子女政策在减轻国家人口压力，提升人口素质，促进经济发展方面的作用不可忽视，二孩政策的逐步放开和实施，顺应了时代发展的要求，是与时俱进的重要体现。从计划生育决定实施独生子女政策到二孩政策全面放开的调整，也体现了30多年以来我国国情的深刻变化。我国从一个劳动力过剩、生产力落后、经济发展落后的社会，发展到一个低生育率、老龄化程度越来越深的社会，一切从实际出发的理念要求国家对人口政策做出符合时代特征的调整。

（四）案例讨论

1. 如何理解人口政策调整过程中体现的基本理念及原则？
2. 政策调整的形式有哪几种？本案例属于哪种类型的调整？
3. 试分析一项公共政策的调整需要经过哪些程序？

（五）主要参阅资料及推荐读物

1. 叶廷芳：《我国人口政策调整已刻不容缓》，《社会科学论坛》，2010年第15期。

2. 汪伟：《人口老龄化、生育政策调整与中国经济增长》，《经济学》(季刊)，2017年第1期。

3. 庄国波、陈万明：《公共管理视角下的中国计划生育政策选择分析》，

《中国行政管理》，2014 年第 9 期。

案例二：我国法定节假日政策调整与变化

（一）案例梗概

随着广大人民群众物质生活水平的提升，国民旅游的休闲意识和旅行消费习惯有了新的提升，假期制度与旅游消费发展、人们的休闲娱乐选择等密切相关。分析我国法定节假日政策的演变历程，能够更好地了解现行制度中存在的问题并提出思考和建议。

（二）案例正文

我国法定节假日制度的发展变化主要分为四个时期，概括为逐步形成时期、历经曲折时期、恢复规范时期和确立完善时期。

初步形成时期：1949 年至“文革”前。1949 年 9 月 27 日，中国人民政治协商会议第一次全体会议通过决议，决定每年 10 月 1 日为国庆节。同年 10 月 9 日，在政协全国委员会第一次会议上，许广平委员代表因病请假的马叙伦委员提出“以十月一日为中华人民共和国开国的国庆纪念日”的建议案，获得会议一致通过。这是新中国确定的第一个法定节日。在 1949 年 12 月 23 日，中华人民共和国诞生不足百日，政务院就发布了《全国年节及纪念日放假办法》，建立起 8 小时工作制和每年 7 天的法定节假日制度，我国劳动者的休息权益得到了制度保障。订立的节日主要是元旦、三八妇女节、五一国际劳动节、五四青年节、六一儿童节、七一党的生日、八一建军节、国庆节，外加传统的春节，使中国公民有了元旦 1 天，春节 3 天、“五一”1 天、“十一”2 天的基本公休假格局，形成了目前我国法定假日的基本格局。

经历曲折时期：“文革”时期至 1979 年。政治运动，特别是“文化大革命”十年动乱，造成社会动荡，国民经济濒临崩溃的边缘，公共假日制度也遭到严重破坏。“文化大革命”期间，由于抓“革命”、抓“阶级斗争”的冲击，不仅劳动者正常的休息休假难以得到保障，连中华民族最为重要的传统节日——春节，也在“抓革命、促生产”“过革命化春节”的口号下，变得可望而不可即，人们不得不在车间、农田、办公室等劳动场所度过。清明、端午、中秋等流传数千年的传统节日，甚至还被荒唐地列为“封资修”“四旧”，成了破除的对象。在这一时期，节假日制度尽管没有宣布废除，但受到严重干扰，正常的时间秩序完全被打破，节假日制度事实上被废弃。“五一”“五四”

等节日成为举行群众游行、政治批斗活动的高潮节点。春节放假被取消。这个时期我们国家的休假制度基本作废，是休假制度的一个“空白”期。

恢复规范时期：1980 年至 1999 年。1979 年 1 月 17 日，《人民日报》刊登了分别题为“为什么春节不放假?”“让农民过个安定年”的两篇读者来信，表明政府对春节休假制度的回归态度。几天后，部分省区宣布恢复春节放假，次年全国恢复春节放假。1982 年《宪法》第四十三条再次明确规定：“中华人民共和国劳动者有休息的权利。国家发展劳动者休息和休养的设施，规定职工的工作时间和休假制度。”此后，国家依《放假办法》规定执行正常的节假日制度。1994 年，在经济发展、社会稳定的基础上，我国进行了第一次假日制度改革。这年 5 月 1 日，开始试行每周 5 天半工作制。1995 年 3 月 25 日，国务院重新发布《国务院关于职工工作时间的规定》，对假日制度进行了第二次改革，决定实行周末两天休息制，双休日正式走进人们生活，公民休息时间大幅度提高，从每年 59 天增加至 111 天。1999 年 9 月 18 日，国务院对年节及纪念日放假办法进行了第一次修订，最重要的是形成了春节、五一劳动节、十一国庆节三个“黄金周”。1999 年 9 月 18 日，国务院发布《全国年节及纪念日放假办法》(国务院第 270 号令)，决定增加公众法定休假日，即“五一”“十一”分别增加 2 天和 1 天假日。其后又把春节、“五一”、“十一”等三个法定假期与前后双休日搭挢，形成三个连续 7 天的长假，即三个“黄金周”。这个制度再次增加了我国居民全年的休息天数，达到了 114 天。2000 年 6 月 21 日，国务院办公厅转发国家旅游局等部门《关于进一步发展假日旅游若干意见的通知》，确立起“黄金周”假期制度，成立全国假日办，建立了全国假日旅游部际协调会议制度。我国的“黄金周”制度在这一时期得以形成。

确立完善时期：2004 年至今。“黄金周”试行仅仅四年之后，便产生了诸多问题。众多实例表明，原法定节假日政策的继续执行中，由于交通超负荷，旅游景区人满为患，自然景观和历史文化遗迹破坏严重，公共服务行业运营活动成本激增，一系列社会问题层出不穷。自 20 世纪末实行长假制度以来，随着时间的推移和我国经济社会的进一步发展，一年中三个长假期制度的安排显露出诸多弊端，例如：集中出游，人群拥挤，景区人满为患，交通、住宿、就餐不堪重负，社会安全事故不断发生等问题日益突出。而且更为重要的是，1999 年实行的节假日办法所规定的法定节假日安排缺乏我国传统文化特色。我国几千年的历史文明积淀形成了自己民族特色的传统节日，但 1999 年制定的法定节假日中只有春节一个传统节日，其他传统节日缺乏法律法规的肯定。2004 年 2 月中国人民大学校长建议增加传统节日为法定假日，取消黄金周，强化春节长假。越来越多的社会人士反复呼吁，重视我国现行法定节假日安排存在的问题，要求改革法定节假日制度的民意越来越强。在各方人士的响应下，国家开始在全国范围内进行调查研究。2007 年 12 月，以有关部门的调查为依据，国务院再次修订《放假办法》，并于 2008 年起施行。这次调整突出了"文化含量"，增加清明节、端午节、中秋节为法定假日，分散安排假期，将春节放假提前至除夕，并调减"五一"假期。新年，放假 1 天；春节，放假 3 天；清明节，放假 1 天；劳动节，放假 1 天；端午节，放假 1 天；中秋节，放假 1 天；国庆节，放假 3 天。这七次全民放假节日，共 11 天，其中，传统节日 4 次，共 6 天；而新兴节日 3 次，共 5 天。这次修订《放假办法》受到普遍欢迎。

（三）案例分析

我国法定节假日政策的调整，与我国经济社会发展阶段相适应，政策调整越来越关注政策的科学性和民主性，注重弘扬和传承民族传统文化，更符合和谐社会的要求。优势在于假日分布更加合理，民众的出游选择更加理性，客流的空间、时间分布将更加均衡；在一定程度上促进了经济的增长；注重民族传统节日，顺应人们的情感需求，将传统节日纳入国家法定节假日，有利于中华文化的传承，增强中华儿女的情感认同、民族认同，也是中华民族自信的展示。当然，随着社会经济的发展，为使节假日更加契合国民的社会生活需求，法定节假日政策仍然是值得与时俱进地研究和探讨的问题。

（四）案例讨论

1. 谈谈你对我国现行休假制度的看法。

2. 休假制度是否应该立法并由相关部门严格监督和执行？

3. 结合国外相关经验，谈谈可以参考的有益借鉴，对调整我国休假制度的建议。

（五）主要参阅资料及推荐读物

1. 蔡继明：《关于进一步调整完善我国节假日制度的建议》，《人文杂志》，2014 年第 7 期。

2. 谢维雁、段鸿斌：《我国现行节假日制度研究》，《四川师范大学学报

（社会科学版）》，2013 年第 4 期。

案例三：教育“减负”政策变迁

（一）案例梗概

中小学生负担过重问题一直是全社会普遍关注的焦点问题，纵观新中国成立以来的减负政策，可以反思不同时期减负问题的状况，思考政策有效执行的条件和路径等。

（二）案例正文

新中国成立以来的“减负”政策大致分三个阶段。

20 世纪五六十年代的“减负”政策。1951 年全国各级学校学生的健康不良状况严重，1951 年 8 月 6 日，政务院公布《关于改善各级各类学校学生健康状况的决定》，切实改善各级学校的学生健康状况。1955 年 7 月 1 日，教育部发布《关于减轻中小学过重负担的指示》，指出“目前学生负担过重，主要是学生课业负担过重”，要求各地有效地解决中小学负担过重问题。1955 年 9 月 2 日，国家教委颁布《关于小学课外活动的规定的通知》，明确规定了课外活动的内容、时间和实施细则，引导和促进了课外活动的开展。1960 年 5 月 15 日，中共中央、国务院根据学生劳动过多，学校师生身体健康水平下降的情况，发出了《关于保证学生、教师身体健康和劳逸结合的指示》。1960 年 12 月 21 日，中央发布《关于保证学生、教师身体健康和劳逸结合的紧急通知》，再次重申要减轻工作、学习负担，增加睡眠和休息时间。1964 年 5 月 4 日，中共中央和国务院批转教育部《关于克服中小学负担过重现象和提高教学质量的报告》，要求大力宣传克服轻视劳动，特别是轻视农业生产劳动、片面追求升学率的思想。1964 年 8 月 19 日，国务院批转了教育部、国家体委、卫生部的《关于中小学健康状况和改进学校体育工作的报告》，提出要上好体育课，坚持认真做早操或课间操，广泛开展学生的课外体育活动。1964 年 7 月 14 日，教育部《关于调整和精简中小学课程的通知》指出：“需要对目前中小学课程门类过多的状况加以改革”，“课程的彻底改革要与学制改革统一考虑”。1966 年 1 月 17 日，《关于减轻学生负担，保证学生健康问题的报告》分析和检查了造成学生负担过重的原因，提出减轻学生负担的措施。“文化大革命”爆发后，正常的教育教学秩序被打乱，中小学生的课业负担过重问题没有了，但由于没有了学习压力，学习成绩下降，教育质量下降。

20世纪70—90年代的“减负”政策。1979年12月，教育部、卫生部公布《中小学卫生工作暂行规定》，要求学生每日学习时间与课外活动，小学不超过6小时。1983年12月，国家教育部发布《关于全日制普通中学全面贯彻党的教育方针，纠正片面追求升学率倾向的十项规定》，要求减轻学生过重的课业负担，保证学生的睡眠、休息和课外体育、文娱、科技活动时间，不要频繁地考试。1988年5月11日，国家教委颁发《关于减轻小学生课业负担过重的若干规定》，提出学生课业负担过重是当前许多小学存在的一个突出问题，提出了解决的措施。1990年2月15日，国家教委做出关于重申贯彻《关于减轻小学生课业负担过重的若干规定》。1993年3月24日，教育部发布《关于减轻义务教育阶段学生过重课业负担，全面提高教育质量的指示》，从十个方面对学校和教师提出了“减负”的要求。1994年11月10日，国家教委制定《关于全面贯彻教育方针，减轻中小学过重课业负担的意见》，明确提出减轻中小学生课业负担的办法：一是解决中小学生课业负担过重问题的关键，在于转变教育思想、更新教育观念；二是解决中小学生课业负担过重问题的根本出路在于改革；三是解决中小学生课业负担过重问题必须严格执行有关规定；四是解决中小学生课业负担过重问题必须加强领导、加强管理、严肃纪律。1995年2月9日，国家教委、中国科协发布《关于停办各级各类奥林匹克学校(班)的紧急通知》，强调要严格控制各类竞赛、评奖等活动，继续落实国家教委《关于进一步加强中小学生竞赛、评奖活动管理的通知》中的有关规定。

21世纪的“减负”政策。2000年1月3日，教育部颁布了《关于在小学减轻学生过重负担的紧急通知》，提出了具体的“减负”措施。2004年6月，教育部长周济提出素质教育全面实施背景下“减负”的“五坚持、五不准”，从评价、考试、课程、课外活动等方面来落实减负。2007年，教育部发布的《教育部办公厅正式发出关于不受理义务教育阶段学生参加英语等级考试的通知》，同时要求各地教育行政部门和学校要严格执行《义务教育法》关于义务教育阶段学校实行免试就近入学的规定，不得以各种形式的考试、考核、测试选拔学生，不得将各种竞赛成绩和全国英语等级考试等各种公共考试成绩作为招生依据。全国英语等级考试不面向义务教育阶段学生，各地考点不得受理义务教育阶段学生集体或个人报名参加全国英语等级考试。2017年9月，中共中央办公厅、国务院办公厅印发《关于深化教育体制机制改革的意见》。其中指出要完善义务教育均衡优质发展的体制机制，切实减轻学生过重课外负担。提高课堂教学质量，严格按照课程标准开展教学，合理设计学生作业内容与时间，提高作业的有效性。建立健全课后服务制度，鼓励各地各校根据学生身心发展特点和家长需求，探索实行弹性离校时间，提供丰富多样的课后服务。改善家庭教育，加强家庭教育指导服务，帮助家长树立正确的教育观念，合理安排孩子的学习、锻炼和休息时间。规范校外教育培训机构，严格办学资质审查，规范培训范围和内容。营造健康的教育生态，大力宣传普及适合的教育才是最好的教育、全面发展、人人皆可成才、终身学习等科学教育理念。2018 年 2 月，印发《关于切实减轻中小学生课外负担开展校外培训机构专项治理行动的通知》，对于校外培训机构提出了许多严格标准，坚决查处一些中小学校不遵守教学计划、“非零起点教学”等行为，严禁校外培训机构组织中小学生等级考试及竞赛，坚决查处将校外培训机构培训结果与中小学校招生入学挂钩的行为。

（三）案例分析

自新中国成立开始，减轻中小学生过重负担问题一直是理论探讨与实践探索的重要课题，相关的政策不断调整。针对不同时期具体的政策生态情势，政策趋于完善，但也面临新的挑战和问题。

（四）案例讨论

1. 你如何看待当前中小学生减负问题？
2. 谈谈你对当前的减负政策的看法。
3. 减负政策执行过程中产生的问题成因是什么？

（五）主要参阅资料及推荐读物

1. 杨欣、罗士琰、宋乃庆等：《我国义务教育“减负提质”的评估研究——基于义务教育第三方评估的报告》，《中国教育学刊》，2016 年第 6 期。

2. 乔晓华：《国内近二十年关于“减负”问题的研究述论》，《山西师范大学学报(社会科学版)》，2014 年 S4 期。

案例四：新能源汽车财政补贴政策终结

（一）案例梗概

新能源汽车产业作为新兴战略性产业，在发展初期，离不开国家政策的支持和引导，国家出台一系列财政补贴的相关政策。但是，在持续不断的优惠与补贴政策出台之后，一系列新能源汽车企业骗补现象不断出现，造成了新能源汽车消费市场的混乱和消费者对新能源汽车质量的怀疑，也进一步引发了公众对政府在新能源汽车企业骗补行为中角色的质疑，在随后出现的新能源汽车企业财政补贴滑坡过程中，也出现了实际补贴率低于预期补贴率，对新能源汽车行业造成较大冲击的现象。从长远来看，新能源汽车的长期发展必须依靠市场的推进。

（二）案例正文

2016 年 9 月，财政部新闻办发布了《关于地方预决算公开和新能源汽车推广应用补助资金专项检查的通报》，通报了关于新能源汽车推广应用补助资金专项检查，并曝光了 5 起违规骗取补贴的典型案例。5 家企业为苏州吉姆西、苏州金龙、深圳五洲龙、奇瑞万达贵州客车、河南少林客车，骗补金额总计超 12 亿元。重庆恒通客车、力帆乘用车也相继受到通报，骗补金额总计近 4 亿元。按照中华人民共和国国家发展和改革委员会公告定义，新能源汽车是指采用非常规的车用燃料作为动力来源（或使用常规的车用燃料、采用新型车载动力装置），综合车辆的动力控制和驱动方面的先进技术，形成的技术原理先进、具有新技术、新结构的汽车。新能源汽车国家政策支持体系包括宏观综合政策、行业管理政策、推广应用政策、税收优惠政策、科技创新政策和基础设施政策等。近年来，国家为了促进新能源汽车的发展，出台了不少税收优惠和财政补贴政策，但是也随之出现了新能源汽车骗补的不良行为。这一行为严重扰乱了市场秩序，影响了相关行业健康有序的发展。

其原因主要有三方面。一是，政府政策漏洞。近年来我国政府大力扶持新能源产业，持续支持高新技术企业的发展，鼓励创新，并针对创新行为推出了一系列的补贴政策以及税收优惠政策。其目的在于建立长期稳定的新能源汽车产业发展政策体系，创造良好的发展环境，推动电动汽车的快速发展，进而改善大气污染环境问题。但国家为了鼓励新能源汽车行业的快速发展，为该行业设置了极低的准入门槛，补贴标准没有很严格的产品参数、质量检验等补贴标准区分，只要是“电动汽车”，在生产、销售等环节，均采用了一刀切的补贴方式。因此，这些政策上的漏洞都为许多规模不大的企业进行“骗补”行为提供了便利的政策条件。二是，企业守法观念淡薄。因为部分企业存在侥幸心理，诚信守法观念不强，在面对较大的利益诱惑时，部分企业冒险钻政策的空子。在政府制定的购置税减免政策中提出，申请补贴的运营里程要求下调至两万公里，销售上牌后将按申请拨付一部分补贴资金，并对长续航产品大幅度提升了补贴金额。如果消费者是企业单位，要求销售方按照销售价格开具进项税额抵扣凭证，这些有利于企业促进新能源产业发展的政策都使得企业虚假申报补贴产品，进行“骗补”。三是，监管部门失职。新能源汽车“骗补”事件的发生，监管部门监管不力也在一定程度上纵容了企业的违规行为。政府在制定补贴政策时，其标准是根据各省市新能源汽车推广数量确定，也就是说新能源汽车的推广量越大，地方政府获得的奖补资金也就越多。一般来说地方政府的监管部门应该严格地按照政策要求，根据新能源汽车企业的实际情况来拨付补贴资金，但是在实际操作过程中，部分地方政府因为承受较大的推广压力，进而松懈了相应的监管流程，在面对部分企业违规操作骗取补贴的行为时，采取了忽视的态度，使部分企业得寸进尺，抱着侥幸心理持续骗补，也使地方政府谎报了虚假的推广数量。

新能源汽车企业骗取国家补贴这一事件对消费者和社会等产生了极度恶劣的影响。一是，新能源汽车企业的骗取补贴行为使消费者降低了对新能源汽车的信任度，长期来看不利于新能源产业的可持续发展。二是，新能源汽车的质量在汽车市场遭受质疑。新能源汽车企业获取的国家补贴，原本应该用在新能源汽车的新技术开发与推广上，用在让利消费者、给予消费者更多价格优惠上，当财政补贴都进入个人的口袋，不得不让人怀疑当前电动汽车应有的真实价格以及汽车的核心技术是否真的与其销售价格相匹配，新能源汽车企业不把工作重心放在研发新产品、开发新技术上，不利于整个新能源汽车产业自主创新。三是，新能源汽车骗补行为的盛行，使得公众降低了对政府的信任度。

新能源汽车产业作为新兴行业，其发展离不开政府政策的支持和引导。目前，世界主要发达国家大部分都制定了相应的公共政策以促进相关产业的发展，如，德国政府将目光聚焦在技术领域，其相关政策有：对能量储存技术进行扶持，并拨付了6000万欧元预算资金，并明确电池作为储能载体的双重作用；扶持车辆驱动技术，德国联邦经济部提供3000万欧元资金，资助研究机构和工业企业开展研究，由35个合作方联合开展10个研究项目；政府对“汽车电子创新联盟”(EENOVA)提供支持，而产业界则承诺在这一研究领域投入5亿欧元的资金。政府资助聚焦于技术研发，通过政府资助带动产业投资，形成企业主导、产业链协同发展的局面。如，美国积极发挥政府的引导示范作用，通过政府采购的形式扩大新能源汽车的市场需求。为了鼓励各州和地方政府部门加强对新能源汽车政府购买的支持力度，美国政府运用专项财政资金资助实施了一个涵盖30个地区的新能源汽车示范性项目。根据该项目的相关政策，受资助对象最多可以获得1500万美元的财政资金支持，该笔资金的资助范围不仅包括各类新能源机动车辆的购置，还包括新能源汽车运行相关基础设施和设备的建设、运维支出等。美国的经验是，针对私人部门的优惠政策主要应用于销售环节，使产业政策的最终受益者为机动车消费者。而在政府采购环节引入社会资源(如外部专家)和地方政府力量，并制定详尽的方案，确保政府采购政策的可实施性和财政资金的效率。又如日本，早在1970年，日本政府就在其汽车的产业规划中用近1/3的篇幅针对新能源汽车，主要针对新能源汽车的燃料方面。近年来，日本国内逐渐形成了以“新一代汽车战略”为主线，以税收优惠、购车补贴、贷款支持等财税政策为支撑的电动汽车发展体系。其中，不同于其他国家的是日本政府促使汽车厂商降低电动汽车等尖端环保车价格的制度，计划设定2013—2015年度的环保车价格目标，如果低于价格目标，政府将向消费者全额补贴环保车与汽油车的购车差价。补贴将分阶段减少，争取几年之后，环保车也能达到合理的价位。也就是说，政府倒逼企业技术创新，自动降低新能源汽车的价格，普及给民众。政府的补贴作用逐渐减弱，企业的降价能力自动增强。

(三)案例分析

公共政策是实施国家职能和进行社会管理的基本手段，任何公共政策的实施都需要一定的成本，同时也会产生一定的效益，当公共政策产生的效益不足以弥补公共政策的成本时，就需要考虑政策调整或终结。在持续不断的优惠与补贴政策出台之后，一系列恶性的新能源汽车企业骗补现象不断出现，造成了新能源汽车消费市场的混乱和消费者对新能源汽车质量的怀疑，也进一步引发了公众对政府在新能源汽车企业骗补行为中扮演角色的质疑。新能源汽车财政补贴政策实施的社会环境、市场环境发生了变化，同时也与其原有的目标相背离，因此，就需要及时地做出调整或终结。

（四）案例讨论

1. 试讨论新能源汽车的未来出路在哪里。
2. 政府对企业补贴利大于弊还是弊大于利？
3. 新能源汽车骗补事件发生后，政府应如何调整新能源汽车补贴政策？

（五）主要参阅资料及推荐读物

1. 卢超、尤建新、戎珂、石涌江、陈衍泰：《新能源汽车产业政策的国际比较研究》，《科研管理》，2014 年第 12 期。

2. 范如国、冯晓丹：《“后补贴”时代地方政府新能源汽车补贴策略研究》，《中国人口·资源与环境》，2017 年第 3 期。

3. 王洛忠、张艺君：《我国新能源汽车产业政策协同问题研究——基于结构、过程与内容的三维框架》，《中国行政管理》，2017 年第 3 期。

4. 马亮、仲伟俊、梅姝娥：《新能源汽车补贴政策“退坡”问题研究》，《软科学》，2018 年第 4 期。